本书获得江西省社会科学“十三五”规划项目“基于系统反馈的推动江西省民营经济转型升级新路径及对策研究”（19YJ09）及江西省高校人文社会科学研究规划基金项目“江西省互联网保险业发展的限制影响因素及管理策略研究”（GL161034）及南昌大学“双一流”博士点建设专项经费的资助

科技型中小企业协同创新策略研究

RESEARCH ON COLLABORATIVE INNOVATION STRATEGIES OF SMALL AND MID-SIZED SCIENCE AND TECHNOLOGY ENTERPRISES

陈　华◎著

经济管理出版社
ECONOMY & MANAGEMENT PUBLISHING HOUSE

图书在版编目（CIP）数据

科技型中小企业协同创新策略研究/陈华著．—北京：经济管理出版社，2020.10
ISBN 978-7-5096-7446-8

Ⅰ.①科…　Ⅱ.①陈…　Ⅲ.①高技术企业—中小企业—企业创新—研究—中国
Ⅳ.①F279.244.4

中国版本图书馆 CIP 数据核字（2020）第 161808 号

组稿编辑：杜　菲
责任编辑：杜　菲
责任印制：黄章平
责任校对：王淑卿

出版发行：经济管理出版社
（北京市海淀区北蜂窝 8 号中雅大厦 A 座 11 层　100038）
网　　址：www.E-mp.com.cn
电　　话：（010）51915602
印　　刷：北京晨旭印刷厂
经　　销：新华书店
开　　本：720mm×1000mm/16
印　　张：10.5
字　　数：142 千字
版　　次：2020 年 10 月第 1 版　　2020 年 10 月第 1 次印刷
书　　号：ISBN 978-7-5096-7446-8
定　　价：78.00 元

总 序

南昌大学是国家“双一流”计划世界一流学科建设高校，是江西省唯一的国家“211工程”重点建设高校，是教育部与江西省部省合建高校，是江西省高水平大学整体建设高校。2014年5月，南昌大学管理学院成立，学院由管理科学与工程、图书情报与档案管理、信息管理与信息系统三个老牌学科组成。管理科学与工程学科，具有从本科专业、一级学科硕士学位授权点到一级学科博士学位授权点、博士后流动站的完整体系，是江西省“十二五”重点学科。因此，在学科建设方面，管理学院在设立之初就奠定了雄厚基础。

南昌大学管理学院第一任领导班子中，彭维霞书记雷厉风行，涂国平院长沉着稳重。在他们的带领下，管理学院迈入了发展新征程，在教学、科研、社会服务、人才培养等方面均取得了显著成效。2019年，感谢组织信任、领导推荐和同事支持，本人有幸成为了管理学院的第二任院长。感恩于前辈打下的基础，我辈少了筚路蓝缕的艰辛，却多了任重道远的压力；得益于前辈创设的体制，我辈继承了艰苦奋斗与稳健发展的精神，却也感受到了更多对于创新发展的期盼。

当前，管理学院存在规模小、底子薄、知名度不高的问题，南昌大学管理科学与工程学科在学科排名中落后于诸多“985”高校的相关学科。为此，本人时常思考如何推动学院奋起直追、实现跨越式发展，颇有心得。

学科建设是学院发展之本。2017 年，我国开始统筹推进世界一流大学和一流学科建设，南昌大学仅有 1 个学科入列。管理科学与工程学科，离“世界一流”这一目标还有遥远距离。但是，“双一流”建设为管理学院管理科学与工程学科的发展，指明了方向，也带来了机遇。管理学院的追赶式发展，需要以学科建设为抓手，在学科带头人与学科团队建设、科研平台与教学基地建设、高质量和有特色的学科品牌建设等方面做文章、争成效。

学术研究是学院发展之基。学术研究能力是学科发展的硬实力。在学校排名、学科评估、学术资源配置等方面，学术研究成果一直都是关键业绩指标。全面提升学院教师的学术研究能力、专心打造具有国际和国内影响力的高水平科研成果，是管理学院突破话语权壁垒、实现跨越式发展的战略要点。在学院内培养学术意识、推广研究型文化、引导和激励卓越研究成果的诞生，应该始终作为学院科研管理工作的重心。

人才培养是学院发展之魂。高校，是高级人才培养的重要基地。人才培养，包括学生的培养，也包括学者的培养。大学之魂，不在“大”，而在“学”——学生、学者与学术，共同构成了大学。因此，管理学院的未来发展，既寄托在优秀在校生的培养以及优秀毕业生的回馈之上，也寄托在培育大师、培养国家级与省级拔尖人才、引进具有学术追求和研究能力的青年学者之上。学院是全体师生的学院，需要全体师生的共同努力，也希望能够成为全体师生共同成长的沃土。

思想宣传是学院发展之路。南昌大学管理学院，一直都在“默默无闻”地发展。然而，作为哲学社会科学的一员，管理学科也理应承担反映民族思维、发扬精神品格、宣传思想文化、服务国家智库、繁荣社会发展的使命。很多高校的经济与管理学院之所以能在学校发展中举足轻重，也正是因为占领了思想宣传和服务社会的高地。南昌大学管理学院，需要领会习近平主席在哲学社会科学工作座谈会上的讲话精神，加强和改进宣传思想文化工作，全心培养“文化名家”、“四个一批”人才和“宣传思想文化青年英才”，在思想宣传和社会服务方面勇创佳绩。

品牌塑造是学院发展之志。高校之间的竞争，不亚于企业竞争，品牌塑造同样是高校之间竞争制胜的重要法宝。南昌大学管理学院，急需在人才培养、学术研究、社会服务等各方面提升能力、培育优势、凝练特色、塑造品牌，走差异化发展道路，才有可能“变道超车”，实现跨越。加强品牌塑造，既需要高水平学术研究成果和大师级学者等硬实力作为支撑，也需要特色、文化、制度改革等方面的软实力提供支持。

正是基于上述考虑，本人在担任管理学院院长之后，开始着手规划和布局，而这套“南昌大学管理科学与工程博士点学术研究丛书”的组织出版，正是学院围绕学科建设、学术研究、人才培养、思想宣传和品牌塑造等目标而实施的一项集体行动。希望能通过丛书出版，加强南昌大学管理学院的学术传播与品牌推广，激励管理学院全体教师的学术研究与成果发表，为南昌大学管理科学与工程学科的建设做出贡献。

在此，感谢南昌大学对管理学院发展的重视，并将管理科学与工程博士点列入学校学科建设的支持项目，学校的经费支持资助了本套丛书的出版；感谢管理科学与工程系师生的辛勤工作与创造性努力，本套丛书所发表的研究成果都是他们学术探索的劳动结晶，是他们的工作促成了本套丛书的顺利出版。

本套丛书包括15本学术专著。它们可以归纳为科技创新与知识管理、农业经济与生态管理、系统动力学、物流与供应链管理、政府政策与社会管理5个方向。

科技创新与知识管理方向，包括喻登科教授的《科技成果转化知识管理绩效评价研究》、《知性管理：逻辑与理论》，陈华教授的《科技型中小企业协同创新策略研究》，薄秋实副教授的《协同创新的组织模块化过程和创新模式研究》以及余伟副教授的《企业开放式创新的形成机理》。

农业经济与生态管理方向，包括徐兵教授的《城乡协调发展下中部地区农村经济系统重构》，傅春教授的《绿色发展蓝皮书》，毛燕玲教授的《非营利性农村基础设施融资机制》以及邓群钊教授的《基于承载力的排污权组合分配研究》。

系统动力学方向，包括刘静华教授的《农业系统动力学》和祝琴副教授的《系统动力学建模与反馈环分析研究》。

物流与供应链管理方面，包括徐兵教授的《农产品供应链运作与决策——基于PYO模式的研究》以及谢江林副教授的《资金约束供应链系统分析与决策》。

政府政策与社会管理方向，包括石俊博士的《政府财政支出与经济高质量发展》和曹开颖副教授的《再制造背景下政府政策与企业以旧换新策略研究》。

这5个方向基本囊括了南昌大学管理学院管理科学与工程学科的主要研究领域。我们在硕士与博士的招生与培养、学术团队与学科建设等方面，都主要是从这几个研究方向加以推进。其中，系统工程与系统动力学是南昌大学管理科学与工程学科的特色方向。

欢迎对这些研究方向感兴趣的学者与同行来南昌大学管理学院交流，欢迎对相关领域有需求的企业提供合作机会，欢迎在这些研究方向有发展潜力的青年博士能加入我们的研究队伍，欢迎有志于从事这些方向研究的同学能够报考南昌大学管理科学与工程专业的硕士与博士。南昌大学管理学院将始终秉承开放创新的理念，欢迎你们的交流与指导，也接受你们的批评与指正。

正因为有你们的支持，我相信，南昌大学管理学院会越办越好。

南昌大学管理学院院长

2020 年 4 月 20 日

前 言

中小企业在我国经济运行和社会发展过程中贡献了50%以上的税收，60%以上的GDP，70%以上的城镇劳动就业岗位以及80%的企业数量，中小企业虽然规模小，但是整体数量庞大，是创新发展的重要力量，更是我国经济发展中最迅速、最具活力的一部分，早已成为我国经济发展的中坚力量，在促进市场竞争方面具有不可替代的作用。

科技创新是我国的国家战略，是推动我国经济发展的主要动力，科技型企业是我国科技创新队伍中的重要力量，科技型企业以中小型企业为主。科技型中小企业是以科技创新为使命和生存手段的企业，是成长最快的科技创新力量，是实施大众创业、万众创新的主要载体。科技型中小企业经营范围广、适应性强、数量众多，在新形势下为我国增加更多的就业岗位、促进经济增长的同时带动科技创新的发展，满足人民多样化的美好生活需求，促进社会的和谐、稳定、繁荣。

世界工程组织联合会主席龚克曾表示，随着新科技革命加速推进，我们所处的时代已不再是万能科学家时代了，而是一个讲求多方合作、协同创新的大科学时代。实施创新驱动发展战略，强调坚持走中国特色自主创新道路，以全球视野谋划和推动创新，提高原始创新、集成创新和引进消化吸收再创新能力，需要更加注重协同创新。本书聚焦科技型中小企业协同创新研究，着眼科技型中小企业未来发展，探讨如何更好地同高校、科研机构、政府、金融机构、民间资本、科技中介等多方主体协同，形成协同创新网络，开展协同创新，为科技型中小企业创新发展提供崭新的思路。全书共七章，第一章阐述协同创新概述；第二章刻画科技型中小企业协同创新网络结构；第三章总结科技型中小企业协同创新的发展现状；第四章介绍研究科技型中小企业协同创新问题采用的系统动力学反馈分析法；第五章构建科技型中小企业协同创新网络系统分析，分析科技型中小企业协同创新问题的成因；第六章针对科技型中小企业协同创新问题成因提出管理策略；第七章梳理管理策略，提出科技型中小企业协同创新网络协作模式。本书由陈华、朱钊颍、贾春晓共同完成，陈华全文总撰，朱钊颍校稿。

本书得到笔者的研究课题——江西省社会科学“十三五”规划项目“基于系统反馈的推动江西省民营经济转型升级新路径及对策研究”（19YJ09）、江西省高校人文社会科学研究规划基金项目“江西省互联网保险业发展的限制影响因素及管理策略研究”（GL161034）的资助，特此向支持课题研究的单位——江西省社会科学规划办公室、江西省教育厅表示由衷的感谢。书中部分研究内容所参考的相关文献均已在文后列出，在此向文献作者表示感谢。

陈　华

2020 年 4 月 1 日

目　录

第一章　协同创新概述 …… 001

一、协同创新内涵 …… 001

二、协同创新的意义 …… 010

第二章　科技型中小企业协同创新网络结构 …… 014

一、科技型中小企业与企业协同 …… 014

二、科技型中小企业与政府协同 …… 015

三、科技型中小企业与高校科研院所协同 …… 016

四、科技型中小企业与金融机构民间资本协同 …… 017

五、科技型中小企业与科技服务中介协同 …… 017

第三章　科技型中小企业协同创新的发展现状 …… 019

一、科技型中小企业协同创新发展成效 …… 019

二、科技型中小企业协同创新的发展瓶颈 …… 021

第四章　系统动力学反馈分析法 …… 025

一、系统动力学相关概念 …… 026

二、系统动力学流率基本入树建模法 …… 027

三、系统动力学枝向量行列式反馈环计算法 …………… 028
四、系统动力学极小反馈基模生成集法 …………… 029

第五章　科技型中小企业协同创新网络系统分析 …………… 031

一、模型中流位流率系的确定 …………… 031
二、构建流率基本入树模型 …………… 032
三、科技型中小企业协同创新网络整体流图模型 ……… 047
四、反馈环计算 …………… 049
五、科技型中小企业协同创新网络关键因果链分析 …… 051

第六章　提升科技型中小企业协同创新能力的管理策略 …… 129

一、科技型中小企业协同创新网络关键因果链 ………… 129
二、科技型中小企业协同创新关键因果链分析
及其策略 …………… 134

第七章　科技型中小企业协同创新网络协作模式 ………… 154

参考文献 …………… 157

第一章
协同创新概述

一、协同创新内涵

（一）协同创新的概念界定

协同创新是指围绕创新目标，多主体、多元素共同协同、相互补充、配合协作的创新行为（王峥和龚轶，2018）。它旨在通过突破创新主体之间体制机制壁垒，充分释放彼此间的人才、资本、信息、技术等创新要素的活力，有效集成创新资源和创新要素，实现深度合作，以显著提升创新驱动能力和效率。其内涵主要包括两方面：一是创新资源；二是生产要素。创新资源主要包括大学、科研院所的条件平台、科技人才、创新团队、实验设备、信息、知识产权、技术成果以及科技服务体系等；生产要素主要包括企业的土地、厂房、机器、资本、设备、流水线、产品、商业模式等。有效集成创新资源和创新要素，将创新资源深度融合到产业、企业中去，可以显著提升创新驱动能力和效率。有学者认为，大力推进协同创新，促进两大要素的集聚，至少要满足以下六个方面的要求：一是打破体制壁垒，包括所有制的体制壁垒、地区之间的体制壁垒、上下之间的体制壁垒等；二是创造新的协同模式；三是集中优势资源；四是建立利益机制；五是实行协同攻关；六是实现最大效益。

协同应当是全方位、多层次的协作与融合。协同创新更加强调多个组织和要素的一体化深度协作，不仅要求创新主体的协同合作，也要求创新目标、组织、制度和环境等的协调与整合。协同创新的内涵应当包括四个关键词：第一个关键词是有效组织模式。协同创新严格来讲还是创新，创新的实质就是原始创新、集成创新、引进消化吸收再创新。协同就是一种模式，其目的就是创新。第二个关键词是突破体制壁垒。创新包括企业、高等学校、科研院所以及政府、科技中介机构、金融机构等相关主体。创新是一项复杂的系统工程，依靠单个主体的散兵作战或浅层互动很难有突破性的进展，而创新主体间的协同作用和资源共享则有可能带来整体大于部分之和的聚合效果，进而加速创新的进程。推进协同创新必须突破各创新主体间的体制壁垒。第三、第四个关键词分别是集成要素和资源。突破体制壁垒以后，集成各创新主体的优势资源和要素，包括学科优势，科技资源优势、人力优势、仪器设备优势等聚集，形成合力，从而提升创新能力和提高效率。

（二）协同创新的理论基础

根据《汉语大词典》的释义，“协同”表示“相互配合、协调一致地行动”。协同与合作是两个意义相近但内涵不同的概念，在英文语汇中，与协同相对应的词是 collaboration，与合作相对应的词是 cooperation，美国学者 Miles 等指出，协同在哲学意义上是一个与合作不同的过程，协同的预期结果是相对明确的，未来回报的分配可以事先协商，而合作各方则是以自身利益为基础开展活动。此外，也有学者指出，协同往往涉及不可预知的结果，并严重依赖信任以及对诚实与公平价值观的共同承诺。与合作不同，协同方要尽可能顾及对方的利益，就像对自己利益的考虑一样。可见，与合作相比，协同更加强调在风险共担、利益共享的基础上为实现同一个目标而通力协作，以及公平诚信的合作环境。协同创新（Collaborative Innovation）是把协同的思想引入创新过程，指创新过程中各创新要素在发挥各自作用，提升自身效率的基础上，通过机制性互动产生效率质的变化，带来价值增加和价值创造。国外有学者指出：“直到 20 世纪 90 年代，学术和商业文献都试图把创新和创业描绘成是由单个实体所开展的活动，新的创意和产品创新被认为是由单个企业家、一个小型企业、公司内部的一个单位创造的。然而，当今竞争环境所带来的前所未有的复杂性变化，使得单元化的创新方式变得越来越困难，并为跨企业、跨行业、跨国家的新创意产生与知识共享创造了机会。”协同创新是通过思想、知识、专门技术和机会的共享创造跨越组织边界的创新，是保持个体组织（企业）的持续创新，是增补其创新力量的手段，能够使企业弥合已有创新水平和所需创新水平之间的差距。

关于协同创新，有一说法是由美国麻省理工学院斯隆中心（MIT Sloan’s Center for Collective Intelligence）的研究员彼得·葛洛（Peter Gloor）最早给出定义，即“由自我激励的人员所组成的网络小组形成集体愿景，借助网络交流思路、信息及工作状况，合作实现共同目标”。协同创新的本质是以知识增值为核心，企业、政府、知识生产机构（大学、研究机构）、中介机构和用户等为了实现重大科技创新而开展的大跨度整合的创新组织模式。也有专家指出：“协同创新是指企业、大学、科研院所三个基本主体投入各自的优势资源和能力，在政府、科技服务中介机构、金融机构等相关主体的协同支持下，共同进行技术开发的协同创新活动”，其本质是打破人、财、物、信息、组织之间的各种壁垒和边界，使各主体为一个共同目标进行协调运作，以产生 1 +1 >2 的协同效应。

总体而言，协同创新通过各方达成一般性资源共享协议，开展单个或若干个项目合作，开展跨机构多项目协作，设立网络联盟，建立战略联盟等方式实现；形成稳定的协同创新机制，其根本在于利益协调，政府和产学研各方均事先确认各自利益范围与责任边界，设定风险分担与利益分配机制，并辅以一定的风险投资机制。建立战略联盟通常是协同创新发展到一定水平后的更高境界，在确定高校、科研机构和企业对协同创新的责任时，可以跳出以产业链为基础的协同创新网络模式，探索符合我国基本国情的新路径。

（三）协同创新的基本要求

协同创新与产学研合作的提法不同，协同创新更加强调多个组织和要素的一体化深度协作，不仅要求创新主体的协同合作，也要求创新目标、组织、制度和环境等的协调与整合。

1. 主体协同是协同创新的核心

以往人们在谈及产学研合作时，通常是指企业、大学和科研机构之间的技术商业化活动，仅限于产、学、研三方的合作。然而，协同创新却认为创新活动除了创新要素内部的互动合作之外，也离不开内部要素与外部要素的协同作用。技术创新活动不应止于产、学、研三方的简单结合，而是要有多方主体的介入，形成新型战略联盟来促进合作绩效的提升。因此，协同创新除了要求企业、大学、科研机构这三大基本主体投入各自的优势资源和能力之外，还要求政府、科技中介机构、金融机构等相关主体的协同支持。其中，企业、大学、科研机构这三方进行技术开发，政府通过法规、政策进行引导和鼓励，科技服务中介机构提供相关服务，金融机构提供资金支持，通过多方协作共同完成技术开发和技术商业化活动。

2. 目标协同是协同创新的前提和基础

在协同创新过程中存在着多个利益主体，不同的主体从自身的利益出发对协同合作有不同的价值诉求。例如，企业希望通过产学研合作充分利用大学和科研机构的科技与人才资源，促进产品开发、成果转化，提高产品质量和生产效益。大学期望通过产学研合作更多地走向社会，提升科技成果的经济效益和社会效益，提高人才培养的质量，获得更多的社会支持。而政府则从促进社会经济发展的角度，希望通过推进协同创新来实现科技、教育与经济的无缝对接，增强国家的自主创新能力，促进创新型国家的建设。因而，如何协调各方利益主体的需求，找到一个利益结合点，用共同目标来驱动各方主体的创新动力，消除合作中可能存在的种种障碍，是实现协同创新的前提。

3. 组织协同是协同创新的支撑平台

我国的产学研协同主要停留在技术转让、合作开发和委托开发等较低层次的合作上，共建研发机构和技术联盟等高层次的深度合作还较少。有关调查显示，我国企业与大学、科研机构的合作创新有37%是常规技术咨询，33%是合同委托开发。而发达国家产学研合作的历史和现实却表明，产学研合作经历了一个由技术转让—委托研究—联合开发—共建实体的演化历程。从合作初期的以技术转让为主到现在主要谋求共建实体的全程介入。共建实体正在逐渐取代技术转让、委托研究和联合开发而成为产学研协同的主导模式。例如，美国在大学内部建立的大学—工业合作研究中心、工程研究中心，在企业集群之间建立的研发同盟以及在大学与企业之间建立的科技园等，都是建立产学研实体组织开展合作创新的成功案例。产学研协同创新离不开组织协同，通过共建合作实体和技术联盟搭建创新平台，使无序态的创新要素和资源进行扩散、组织、融合、转化，从而形成有序态的知识与技术创新。

4. 体制机制协同是协同创新的制度保障

协同创新就其本质而言是一种管理体制的创新。产学研协作过程中各方的利益范围、责任边界、合作动力、协作关系、融资手段等都需要有明确界定，只有建立和完善相应的配套政策和措施，才能保护合作各方的利益，激发大学、科研机构和企业等组织协同创新的动力。有学者在总结美国产学研合作的经验时指出，美国商业领域的跨组织协作在过去20年稳步上升，主要得益于以下制度变革的推动：①对公私合作伙伴关系的投资，包括孵化器、科学园和小企业项目；②放松反垄断执法，以促进合作研究；③制定旨在促进从大学和联邦实验室更迅速地向企业扩散技术的法规。例如，1980年颁布的《拜杜法》（*Bayh - Dole Act*）和《斯蒂文森法》（*Stevenson - Wydler Act*）。产学研协同创新是一种新的合作范式，要有新的体制和机制来将疏散的组织和资源聚合起来，并在创新主体之间建立一种适当的平衡，以制度来引导和规范合作各方的行为，确立合作的长效机制。

5. 环境协同是协同创新的坚强后盾

除主体、目标、组织和制度的协同外，产学研协同创新还需要有与其密切相关的法律、税制、政策、市场、文化、信息平台、金融和中介服务等外部环境的支持。协同创新是创新要素的全面协同，协同创新各个主体在坚持“利益共享、风险共担、资源互补、功能互动、平台互通”原则的基础上，通过充分发挥企业的主导地位，高校与科研机构的支撑作用，以及政府、科技中介机构和金融机构的协调功能，建立协同创新战略联盟或实体组织，构建多方位的合作保障体系，以制度创新和组织创新激发各方创新潜能，营造有利于协同创新的制度和文化环境，还可以大大降低创新的成本和风险，实现创新资源的最优配置。加强协同创新的环境建设，营造有利于产学研紧密结合的政策环境和氛围，调动创新主体各方的创新热情，对提升协同创新的效能具有重要的意义。

（四）协同创新的实现路径

从协同创新实现途径的视角研究协同创新，企业协同创新可以分为内部协同与外部协同两种类型，通过对协同创新的影响要素分析认为，内部协同创新的主体是产业组织本身，依赖于组织内在要素之间的互动，包括技术协同、组织协同、文化协同和人力资源协同；外部协同创新的实现取决于产业组织与其他相关主体之间的互动，包括与客户协同、与供应商协同、与竞争者协同、与大学和科研机构协同。内部协同创新的核心要素（技术和市场）、支撑要素（战略、文化、制度、组织、管理）、组织模式和机制以及内在要素之间的互动，是影响内部协同创新的主要因素。外部协同创新包括横向协同创新和纵向协同创新，横向协同创新主要指同一大类产业中细分产业主体间的协同；纵向协同创新是指同一功能链不同环节上的产业主体间的协同。

1. 内部协同创新

内部系统技术、组织、文化和人力资源等要素经过接触/沟通、竞争/冲突、合作、整合和协同五个阶段，最终实现了协同。尽管这五个阶段有先后顺序的不同，但各阶段是有机联系的整体，是一个循环往复的过程。企业要想实现各部门、各要素间的协同，必须建立起正式或非正式的接触和沟通渠道，确保各种信息流和知识流在企业不同层次、不同部门和不同员工之间顺畅传输和共享。但由于企业各部门工作性质、工作方法以及各员工专业知识背景、价值观等方面的差异性，在相互接触/沟通过程中，各部门都先考虑自身利益、忽视其他职能部门和要素的作用与影响，从而导致各部门、各要素间产生竞争甚至冲突。为了实现共同的目标，企业各部门都意识到单纯依靠自身力量不足以解决所有的问题，只有相互协调与相互配合，才能顺利达到预期目标。为了更好地协调各部门工作，在合作的基础上，企业还需进一步整合各部门、各要素的优势，促进各部门、各要素目标一致，相互信任、相互配合。在整合的基础上，企业各部门、各要素充分发挥各自优势，协调配合，实现单独部门、单独要素无法实现的协同创新效应。

2. 外部协同创新

企业是科技创新的主体。企业与其他组织的协同创新非常重要，企业通过与客户、供应商、竞争者、大学和科研机构协同，不仅扩充了彼此的知识基础，还提高了彼此的创新能力。

（1）与客户协同。企业与客户的协同创新主要体现在从客户那里获取有关客户偏好和需求的信息，包括他们为何购买某个产品或服务，他们对产品或服务的哪项特性评价最高，他们期望在消费产品或服务时得到什么价值等。创新的需求来源于客户，创新的成果应用于客户，客户的需求（如希望达到的功能、足够好的质量、合理的价格、可接受的交货期等）决定产品的设计。然而，客户的需求通常非常复杂和微妙，变化也非常快。因此，为了避免企业对客户的需求理解产生偏差，必须将客户的需求表达加以分析以判断其正确性。

（2）与供应商协同。企业与供应商的协同创新主要体现在从供应商那里获取有关供应商和客户的信息和知识。实践证明：大部分产品或服务都依赖于供应商的活动。企业与供应商协同不但能够改善产品研发流程、提高客户价值（如能为客户提供性价比更高的解决方案等），而且还可以从供应商那里间接获取客户需求信息，从而将组织边界扩大。

（3）与竞争者协同。企业与竞争者协同最常见的形式是企业或产业集群。企业与竞争者的协同创新主要体现在从竞争者那里获取有关竞争者的管理工具或实践方法、产品或服务信息。企业与竞争者的协同不但有利于创新资源的共享和优化配置，减少资源浪费，而且还有利于促进行业或产业的良性发展。

（4）与大学和科研机构协同。企业与大学和科研机构的协同主要体现为大学和科研机构对企业技术创新各种资源（物质、人力和技术）的供给、补充和支持。在物质资源方面，大学和科研机构可为企业研发或提供设备和场地等，从而间接地参与创新活动；在人力资源方面，大学和科研机构以人力资源培养为纽带，双方开展广泛的合作，为企业输送大量的各类人才；在技术资源方面，大学和科研机构除向企业直接提供所需技术外，还使产学研结合点前移。

通过对企业内外部协同创新的剖析，我们可以知道，企业创新活动同时受到内部和外部因素的影响。其中，内部影响要素主要包括企业内部技术、组织、文化、人力资源；外部影响要素主要包括客户、供应商、竞争者、大学和科研机构。企业内部技术、组织、文化、人力资源等创新要素通过接触/沟通、竞争/冲突、合作、整合和协同五个阶段，实现了单独要素所无法实现的 1 +1 >2 的协同创新效应；企业通过与客户、供应商、竞争者、大学和科研机构等外部知识源的协同创新，扩充了彼此的知识基础，提高了彼此的创新能力。随着行业的发展，企业创新活动的影响要素会发生变化，进而协同创新运行机制也会随之变化。因此，针对不同创新模式，选择有利于协同创新的运行机制是协同创新成功的关键所在。

二、协同创新的意义

（一）协同创新是科技型中小企业发展壮大的根本路径

协同创新是科技型中小企业发展壮大的根本路径。首先，创新是经济增长的源泉，是决定竞争优势的最重要因素。就企业而言，只有创新才能提升企业竞争优势，壮大企业实力，让企业立于行业之林。其次，科技型中小企业在国民经济中有着重要的地位与作用，是技术创新的源泉。然而，在数量上占据绝对优势的中小企业大多集聚在中低端市场，处于价值链的中下游，企业创新的内动力不足。科技型中小企业要延伸产业链，跻身价值链上游，提高产品附加值，最有效的途径是技术创新，攻破关键技术，占领市场份额。科技型中小企业技术创新包括产品（服务）创新和工艺创新、研究与开发、技术转移等。与大企业相比，科技型中小企业更侧重对现有技术的革新与改造，而缺乏一定的原始创新。科技型中小企业技术创新活动具有投入人力、财力、物力相对较大，涉足产业领域较多，涉及部门和地区较多等广泛参与性特点，这决定了科技型中小企业技术创新模式是跨地区、跨部门间的协同创新。

随着科学技术和信息技术的迅猛发展，科技型中小企业面临着体制障碍、环境制约等发展难题，存在着技术创新能力弱、创新人才缺乏、成本高融资难、市场开拓能力不足等问题，严重制约着科技型中小企业的发展。为此，必须大力推进科技协同创新，巧借外力，借梯登高，汇集各方创新资源和要素为科技型中小企业所用，才能大幅度提升其协同创新能力，促进科技型中小企业发展壮大。

（二）协同创新是促进发展升级的现实动力

协同创新是快速提升创新驱动能力，实现发展升级的现实动力。随着经济全球化和科学技术的迅猛发展，各类型创新主体异常活跃，各种创新要素加速流动。一个国家和地区科技创新能力能否取得突破性提升，关键在于找到一条可行的路径，有一种不甘落后、敢于超越、顽强拼搏的精神。我国“两弹一星”在那么艰难困苦的情况下搞出来，是党中央科学决策的结晶，是社会主义制度能够集中力量办大事的结果，是举国协同创新的结果。大力推进协同创新同样具有很强的现实性和针对性。一方面，随着经济全球化和科学技术的迅猛发展，通过开放合作推进科技创新已经成为大潮流、大方向，各类型创新主体异常活跃，各种创新要素加速流动，为开展科技协同创新提供了前所未有的机遇。另一方面，科技创新技术研发能力不足、研发投入不足、科技人才不够、创新成本费用高、新产品市场开拓能力不强、产学研合作不够完善等原因，制约了我国科技型中小企业的科技创新能力和创新效率。为此，只有大力推进跨区域、跨部门以及各创新主体之间的协同创新，通过破除创新主体间的体制壁垒，加强创新主体间的统筹协调，扩大开放合作，吸引、聚集各方人才、资本、信息、技术等创新资源和要素，才能加快提升科技创新整体效能，缩小发展差距，加快创新驱动发展。

（三）协同创新是实施国家创新驱动发展战略的关键所在

协同创新是实施创新驱动发展战略，提高国家竞争力，建设创新型国家的重大战略选择；是深化科技体制改革，加快构建国家科技创新体系的迫切要求；是提高自主创新能力，促进科技与经济紧密结合的重大举措；是转变政府职能，发挥市场经济下举国体制优势的重大部署。党中央提出要实施创新驱动发展战略，强调科技创新是提高社会生产力和综合国力的战略支撑，必须摆在国家发展全局的核心位置。随着科技创新的复杂性增强、涉及领域的广泛性扩大及全球化发展，那种相对单一、封闭的科技组织方式已经不再适应新形势发展的需要，必须打破行业、领域、区域的界限，整合各类要素、构筑创新网络，实现创新的整体提升和跨越。跨区域、跨部门间的协同创新越来越成为科技创新活动最为鲜明的特征，成为发达国家和地区保持科技创新优势地位的主要方式，尤其是在国际金融危机后，世界许多国家纷纷调整科技部署和创新模式，大范围、大跨度整合创新资源，在科技前沿和重点领域展开布局，抢占未来发展制高点。近年来，我国各地区、各部门围绕企业技术创新需求，对推动各类不同形式的协同创新进行了许多有益的探索，出台了提高企业、高校、科研机构内部创新活动的协调集成能力的政策举措，取得了较好的成效。但同时也必须看到，我国虽然是一个经济大国，但还不是一个经济强国，其中的根本原因就在于创新能力薄弱，同发达国家相比，我国科学技术总体水平还有较大差距，体制机制还存在不少弊端，企业尤其是科技型中小企业还存在着技术创新能力弱、创新人才缺乏、成本高融资难、市场开拓能力不足的发展桎梏，尚未真正成为技术创新主体，自主创新能力不强；各方面科技力量自成体系、分散重复，整体运行效率不高，这些都对更高水平的协同创新提出了迫切要求。

第二章

科技型中小企业协同创新网络结构

科技型中小企业协同创新网络是服务于科技型中小企业及协同组织的网络结构，不仅是产学研协同，而且包含政府、金融机构、民间资本和科技中介的参与（唐丽艳等，2009）。科技型中小企业、高校和科研机构是网络中开展协同创新活动的主要节点，科技型中小企业的科技人才主要来自高校和科研院所；政府通过政策、法规对科技型中小企业进行管理；科技服务中介机构提供相关科技服务，如技术信息、市场信息等；金融机构及民间资本为科技型中小企业的技术创新活动提供资金支持。

一、科技型中小企业与企业协同

（一）科技型中小企业与科技型中小企业的协同

科技型中小企业是协同创新网络中数量最多的实体性节点。

科技型中小企业在协同创新网络的运转过程中起着技术创新的主体作用。它在激烈的竞争中感知市场信号，同时不断地跨越自身组织边界，主动寻求网络联系，在与其他行为主体的交流中实现资源的共享，进而自主与其他的行为主体合作，进行技术创新（顾天佑，2019）。科技型中小企业在参与协同创新网络运转过程的同时，出于自身利益还采取积极措施促进协同创新网络机制的完善。科技型中小企业的生命在于能持续不断地产生技术创新，而技术创新越来越依靠多个行为主体之间的协同作用，因而，科技型中小企业作为主要节点较其他行为主体而言对于协同创新网络的形成有着更加重要的作用（曾小春，2016）。

（二）科技型中小企业与大中型企业、龙头企业协同

大中型企业相比中小企业拥有的创新资源多、固定资产多、投资者多、融资方式多、市场大、发展稳定，尤其是大中型企业中的龙头企业。科技型中小企业往往由于资源与创新能力的欠缺，依附于龙头企业才能生存，成为龙头企业的“追随者”，成为龙头企业带动的产业链上的一个节点。

二、科技型中小企业与政府协同

政府作为经济的宏观调控者，极大地影响着科技型中小企业的生存和发展。由于科技型中小企业本身生命力不强，所以政府的支持对科技型中小企业的发展起着至关重要的作用。科技型中

小企业经营过程中面对的人工成本高、融资困难、营商环境制约、人才资源不足等种种困难皆依赖政府的扶持解决。政府倡导、建立起适合创新的社会文化氛围，出台有利于协同创新的政策，搭建协同创新平台、提供足够的财政支持（杨静和孙玉娟，2008）、出台有利于科技型中小企业的金融政策、做好中介的引导、监督工作。政府的引导和扶持与科技型中小企业需求精准对接，成为扶持科技型中小企业生存发展的生命线。

三、科技型中小企业与高校科研院所协同

企业人才需依托于高校与科研院所，高校与科研院所是持续不断地向科技型中小企业培养与输送人才的基地。高校与科研院所推出的新知识、新技术常常是科技型中小企业的技术标杆，高校与科研院所不仅为企业创新提供所需技术攻克科学技术难关，提高创新效率与成功率，也为企业研发提供设备和场地，是与企业紧密联系的重要主体（吴玉厚，2013）。高校与研究院所在参与科技型中小企业的技术创新研发过程，并提供技术支持的同时，也了解了市场新技术的需求动向，促进了实验室的科技成果向生产力转化，双方在互惠互助中达到合作的新高度，双方构成了协同创新网络的双向节点。

四、科技型中小企业与金融机构民间资本协同

科技创新需要大量持续的研发资金的投入，大部分企业融资渠道是金融机构，一般而言，金融机构在资金充足时乐于向企业放贷，在提升金融机构自身绩效的同时，也为企业提供资金帮助。科技型中小企业由于规模小、实力弱、财政对科技型中小企业的资金投入有限，导致科技型中小企业研发资金非常缺乏，资金是制约科技型中小企业发展的一大难题，需要企业向金融机构、民间资本长期保持联系获得资金支持（解维敏和方红星，2011），从而形成科技型中小企业与金融机构、民间资本的协同。

五、科技型中小企业与科技服务中介协同

现阶段，随着信息科技的飞速发展，市场经济也呈现出快速变化的态势，跟不上时代变化的企业只能被市场淘汰。大多数科技型中小企业不同于大型企业拥有多方渠道了解市场发展趋势等信息，增加了企业无法跟上市场发展步伐而被淘汰的概率，科技服务中介便可以为科技型中小企业提供技术信息、人

才信息、市场信息，合作联络、企业管理咨询、法律咨询、会计咨询、人员培训等专业服务，它也是科技型中小企业技术创新活动不可缺少的辅助者，联络并促进协同创新网络中各个协同单位的协同。

第三章

科技型中小企业协同创新的发展现状

一、科技型中小企业协同创新发展成效

我国科技型中小企业的创新协同发展经历了四主体模式和八主体模式两个阶段。四主体模式阶段中科技型中小企业协同创新的四主体包括科技型中小企业、高校、科研机构及政府。其中，科技型中小企业之间进行创新合作，各个科技型中小企业与高校及科研机构之间获得创新技术和创新人才的供给；各个科技型中小企业与政府之间获得创新政策法规、创新资金的供给；各个科技型中小企业与社会机构之间获得创新服务的供给。八主体模式阶段是指，以科技型中小企业为中心，科研机构、高等院校、政府部门、目标用户、中介机构、供应商、竞争对手为科技型中小企业服务。其中科研机构为科技型中小企业创新提供技术资源；

高等院校为科技型中小企业创新提供人才供给；政府部门为科技型中小企业创新提供创新政策支持；目标用户为科技型中小企业创新提供市场需求信息；中介机构为科技型中小企业创新提供各类服务；供应商为科技型中小企业创新提供新产品的生产；竞争对手为科技型中小企业创新提供创新知识、创新信息、创新合作机会（陈燕和王静坤，2018）。

近年来，国家为了支持科技型中小企业协同创新，政府专门设立针对科技型中小企业技术创新的基金，通过发挥财政的支撑与引导作用，推动着科技型中小企业稳步向前发展。各级科技主管部门对科技型中小企业的协同创新项目实施了资金倾斜政策。政府深化惠企税费政策，提高科技型中小企业各种税费起征标准且减免多项行政事业性收费，扩大对科技型中小企业的税收支持，为科技型中小企业减轻负担（郝可，2018）。工信部在全国各省建立起面向科技型中小企业的公共平台服务网络，政府为了鼓励科技型中小企业创新创业，也在积极探索科技型中小企业创新式孵化模式（唐红军，2018）。高校进行积极的教学改革，探索高校与科技型中小企业协同创新人才培养方式，形成了订单培养、委托研究、卓越工程师、学徒制等多种校企结合联合培养的模式，探索了校企协同工程人才创新培养的长效机制与有效途径，促进协同创新的发展（李莉芳，2018）。以上这些政策和措施为科技型中小企业协同创新提供了切实的基础与充分的保障。

二、科技型中小企业协同创新的发展瓶颈

（一）科技型中小企业技术创新瓶颈

1. 企业技术创新难以获得足够的技术资源支撑

技术资源是指适合市场发展的技术信息、专利、专有和配套技术、科技设备等资源。现阶段，随着信息科技的飞速发展，产品市场需求也呈现出快速变化的态势，跟不上市场变化的企业只能被市场淘汰。大多数科技型企业虽然了解市场新技术的发展趋势，但缺少相应的渠道来寻找新技术资源及整合和利用新技术机会，导致企业无法跟上市场发展的步伐，进而被淘汰。

2. 高校科研管理导向与企业偏离，深层次、实质性的“校企合作”难以达成

大部分高校没有做到“去行政化”，高校的科研带头人绝大多数肩负行政职务，这导致了高校与企业合作研发时存在诸多问题：高校的科研骨干忙于行政事务，能到企业参与研发的时间很少，造成合作研发效率较低下、日常工作难协调、经费分配难等。教授、博士大多以做科研评职称为首要任务，与企业的合作研究成果不纳入考核范畴，对企业的科研需求关注不多。教授、博士获得的课题绝大多数来源于政府，课题研究内容和经费均由政府决定，没有用于解决企业实际问题。此外，大部分高校与企

业合作的博士后工作站流于形式，大多“纸上谈兵”，并不能真正解决企业问题。源于上述原因，实质性的“校企合作”难以达成。

（二）科技型中小企业创新人才瓶颈

1. 青年员工思想不稳定，跳槽频繁

科技型企业的员工以青年员工为主，随着时代的发展，市场经济的观念深入人心，年轻人生活条件变好，对生活品质的追求较高，不少青年员工没有耐心长期待在一个岗位，频繁跳槽成为青年员工的常态。工作上稍有不顺心，遇上不如意的事就可能触发青年员工离职。

2. 高级人才待遇差异大，流动性大

由于科技型中小企业的人均薪资福利均低于各大型企业，因此导致大量人才向其他企业流动，即使是企业花费大量资源成本培养出来的人才也难以留住，经常发生跳槽离职的现象。科技型中小企业由于实力弱，人才尤显可贵，而研发工程师等实干型人才因为待遇差异而离职的现象对科技型中小企业来说更是打击重大。因此为了留住人才，科技型中小企业只能提供更多的福利津贴、住房补贴等奖励，但由于中小企业的规模、实力、发展机会等条件的限制，人才流动仍然十分频繁。

3. 高职高专招生不足，普通技术工人需求不足

我国高校不断扩大本科生招生规模，本科招生人数远高于高职高专招生人数。然而，大量的科技型中小企业更需要具有操作技能的高职高专毕业生从事企业基层制造、组装等普通技术工作。国家每年高职高专招生人数的不足导致企业普通技工招聘难、用工缺口很大，不能满足中小型企业对普通技工的需求。

4. 高校培养的人才多与企业创新需求脱节，符合企业需要的人才缺乏

随着时代的快速发展，知识更新不断加快，高校教师在“象牙塔”里难以时刻跟踪国际国内市场最新的知识和技术，及时学习企业中实际运用的知识，导致高校教师传授的知识与市场技术需求脱节。高校沉重的教学科研任务也使得大部分教师忙于日常教学科研工作，没有时间和精力去了解企业创新对知识的需求，不能将专业课结合企业实际需求来讲授，因而高校很难培养出符合企业知识需要的应用型人才。常常是企业把毕业生招聘之后，花费长达两三年的时间培训人才，培养出来后，人才又跳槽了，给企业造成严重损失。

（三）科技型中小企业资金成本瓶颈

1. 科技型中小企业成本居高不下

科技型中小企业相对于其他大型企业，规模小、制度不完善、管理不规范，洽谈商业的成本、管理成本相对较高，员工工资、所得税、五险一金等作为人工成本在企业经营成本中占比很大，若政府出台的相关成本优惠政策没有发挥切实的作用，企业的人工成本费将依旧居高不下，对于企业来说是巨大的负担，如果企业没有持续、足够的盈利增长，企业负担会愈来愈沉重。

2. 科技型中小企业税费负担重

当前，我国税费制度不合理，不同规模的企业，税费承受能力不同，“一刀切”的方法不利于企业实际降低税费；中间环节多，存在重复收税现象，企业承担的税率过高，不当征税严重影响了企业尤其是中小企业的正常运行。“营改增”税收政策改革重点又放在了工业企业，而未考虑到高端的科技服务型企业，其

中有些税收政策并不适用于科技型企业，对企业的发展没有起到应有的扶持作用。

3. 科技型中小企业融资困难

大部分企业融资渠道主要依靠银行，而传统银行只能进行抵押贷款。不同于工业企业有实物抵押，大多数科技型中小企业并没有固定资产等实物资产，难以满足银行硬性的放贷条件，这限制了中小企业的资金融通。银行多在企业资金充足时放贷，只做“锦上添花”的事；一旦发现企业经营状况不佳，直接撤贷，不做“雪中送炭”的事。而且银行放贷关注企业风险率和企业信用绩效等条件，科技型中小企业大多不能达到这一融资条件，因而科技型中小企业融资很难。

（四）科技型中小企业市场开拓瓶颈

1. 科技型中小企业较强势企业在竞标中处于劣势

当前政府为加快经济发展，大力招商引资，引进强势企业，当这些强势企业参与项目竞标时，增加了科技型中小企业的项目竞标成本，科技型中小企业极难在竞标中与这些强势企业抗衡、获胜。有些上市公司恶性竞争，出于对进入某些有前景的领域长期产业布局考虑，对某些项目超低价竞标，令科技型中小企业很难中标，生存艰难。科技型中小企业在竞标中缺乏政府的保护和扶持措施，不利于科技型中小企业的发展。

2. 科技型中小企业开拓市场缺少政府中介推动

各地科技型中小企业在开拓市场的过程中，由于规模小、资金不足等问题，常常处于劣势状态，所属地政府较少能起到的中介联系、推广、推动作用，并且受到其他地方政府保护主义措施的限制，严重阻碍了企业市场开拓的进程，缺乏市场开拓的新途径。

第四章
系统动力学反馈分析法

系统理论初始产生于生物学领域，是由美国科学家贝塔朗菲（1999）在对生命问题进行相关研究的过程中提出的。1956 年，福瑞斯特教授在研究企业生产库存管理问题时提出了一种系统仿真方法，即系统动力学，又称为工业动力学，用于探讨分析系统的反馈结构和行为，为系统理论的扩充打下了基础。

系统动力学是一门新的学科，它将系统科学理论与计算机的仿真紧密联合，用来分析和研究信息反馈系统（王其藩，2009）。它是基于系统内部组成要素的因果关系，建立系统反馈回路，依据对模型的分析找出影响系统行为的关键内部因素。系统动力学的中心思想为“系统结构决定系统功能”，系统结构就是系统内部变量与变量之间的关系，系统功能即系统行为，是指变量随着时间的变化所产生的变化。随着系统动力学的日益发展完善，其应用范围逐步扩大渗透，包含经济、资源、环境、生物、工程等领域，具有广大的发展前景。

一、系统动力学相关概念

系统动力学是一门复杂庞大的学科，其中包含多种名词概念，与本书研究相关的概念如下：

（一）因果关系图

一般因果关系是对系统内部关联进行的简单描述，它是系统动力学研究的基础，准备把握系统内部个体间的因果关系，个体与整体关系对于整个系统分析至关重要。有向图可以有效地刻画系统结构层次，它是由顶点与弧组成的二元组集合，弧的两端分别为弧的起点与终点，但有向图并不能描述系统内部变量间的变化关系，而因果关系图则在有向图的基础上，一起刻画了变量与变量间的关系，很好地解决了这一问题，富有更实际的意义。

（二）流图

由于因果关系图不能表示变量之间的性质差异，只停留在相互作用关系的基本方面，因此流图用来表示由于动态的反馈作用所产生的累积效应，在系统流图中有三个基本变量，其中流位变量也称积累变量，表示累积效应的变量，受时间变化的影响，最终决定系统行为；流率变量是变化率变量，表示累积效应变化的快慢，反映积累变量输入或输出的速度；而辅助变量是流率变量和流位变量之间的变量，其当前时刻值和历史时刻值是相互独立的。

（三）流率基本入树

以树根—流率和树尾—流位或不进入反馈回路的变量入树，且流位变量不出现在树枝的中间。在各个子系统的流率基本入树模型建成后，再通过相同顶点的重合，即可得到系统总体的反馈流图模型。

（四）反馈环

系统内部要素变量之间形成的因果链为反馈环，反馈环根据是否闭合又分为闭环和开环，如若一个变量增加，经过一个反馈环后导致另一个变量相对增加，则为正反馈环，相对减少则为负反馈环，正反馈环会加强系统反馈结果，而负反馈环则对系统效果起抑制作用。

二、系统动力学流率基本入树建模法

传统的因果关系图和流图建模法缺少规范性方法，容易出现思路不清、操作困难的问题，因而贾仁安（2014）提出了流率基本入树建模法，该法理清建模思路，增强了操作的规范性，解决了研究系统的复杂性问题。流率基本入树建模法是一种综合系统论、仿生学理论和应用图论，将复杂的整体分解成树状模型进行研究的方法，系统中各要素相互作用，不断反馈成长，构成反馈树，多个反馈树构成系统的整体。其建模步骤如下：

（一）建立流位流率系

整理归纳相关的文献资料、图书及调研报告等并进行系统性分析，合理建立研究系统的流位流率系如下：

{（L1（t），R1（t）），（L2（t），R2（t）），…，（Ln（t），Rn(t)）}

（二）建立流率基本入树模型

分别建立树根为 Ri(t)（i=1，2，…，n），树尾为对应的流位变量 Li(t) 的二部分图，通过逐树逐层的方法建立流率基本入树模型，如图 4-1 所示。

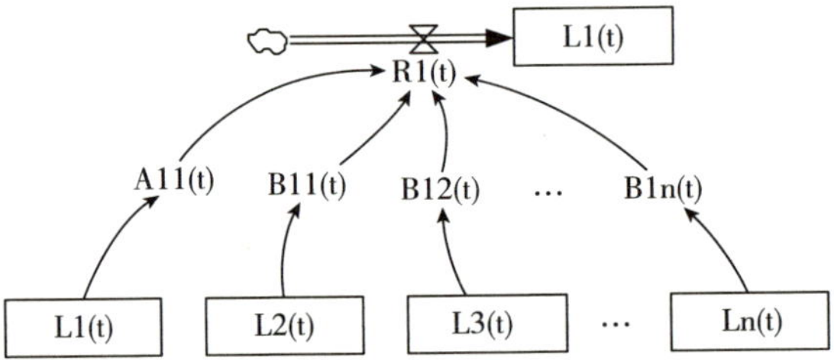

图 4-1　流率基本入树 T1（t）

三、系统动力学枝向量行列式反馈环计算法

在系统动力学研究中，枝向量行列式反馈环计算法是将系统

总体结构模型的反馈环计算问题转换成流率基本入树模型的反馈环计算问题。把代数行列式的数字换成流率基本入树模型的枝向量，然后利用代数图论的原理将其转化成代数反馈环计算问题。其具体定义如下：

$$
\begin{array}{c} T1(t) \\ T2(t) \\ \cdots \\ Tn(t) \end{array}
\begin{vmatrix}
(R1(t),\pm,A11(t),L1(t)) & \begin{array}{c}(R1(t),\pm,A12(t),L2(t))\\+(R1(t),\pm,B12(t),R2(t))\end{array} & \cdots & \begin{array}{c}(R1(t),\pm,A1n(t),Ln(t))\\+(R1(t),\pm,B1n(t),Rn(t))\end{array} \\
\begin{array}{c}(R2(t),\pm,A21(t),L1(t))\\+(R2(t),\pm,B21(t),R1(t))\end{array} & (R2(t),\pm,A22(t),L2(t)) & \cdots & \begin{array}{c}(R2(t),\pm,A2n(t),Ln(t))\\+(R2(t),\pm,B2n(t),Rn(t))\end{array} \\
\cdots & \cdots & \cdots & \cdots \\
\begin{array}{c}(Rn(t),\pm,An1(t),L1(t))\\+(Rn(t),\pm,Bn1(t),R1(t))\end{array} & \begin{array}{c}(Rn(t),\pm,An2(t),L2(t))\\+(Rn(t),\pm,Bn2(t),R2(t))\end{array} & \cdots & (Rn(t),\pm,Ann(t),Ln(t))
\end{vmatrix}
$$

$$
\begin{aligned}
= \sum_{j_1,j_2,\cdots,j_n} & [(R1j_1(t),\pm,A1j_1(t),Lj_1(t))+(R1j_1(t),\pm,B1j_1(t),Rj_1(t))]\times \\
& [(R2(t),\pm,A2j_2(t),Lj_2(t))+(R2(t),\pm,B2j_2(t),Rj_2(t))]\times\cdots\times \\
& [(Rn(t),\pm,Anj_2(t),Lj_n(t))+(Rn(t),\pm,Bnj_n(t),Rj_n(t))]
\end{aligned}
\tag{4-1}
$$

其中，±表示枝向量的正负极性，表示对 $\sum\limits_{j_1,j_2,\cdots,j_n}$ j_1，j_2，…，j_n 的所有 n 级排列求和，此外，枝向量具有按行列展开全部为加号的性质，其余与数学代数行列式的性质一致。

四、系统动力学极小反馈基模生成集法

反馈基模分析是了解动态复杂性分析的关键技术。极小反馈

基模生成集法是基于线性代数中利用基础解析表示线性方程组解的思想，研究分析实际问题的反馈环基模。其方法步骤如下：

（一）通过流率基本入树模型构造反馈环基模生成集

一是对每个入树 Ti(t) 与其他入树 Tj(t) 作嵌运算 Gij(t) = Ti(t) ∪Tj(t)，求出全体二阶极小反馈环基模；二是对未进入二阶极小反馈环基模的入树 Tr(t) 与二阶极小反馈环基模作嵌运算，求出全体三阶极小反馈环基模；依此类推，直到 n 棵入树都进入极小反馈环基模，得到全体极小反馈环基模生成集。

（二）极小反馈环基模反馈分析

一是对极小反馈环基模进行分类，分为正反馈和负反馈；二是由不同类型生成系统增长反馈环基模和系统制约反馈环基模；三是通过基模的反馈分析生成促进系统发展的管理策略。

第五章

科技型中小企业协同创新网络系统分析

一、模型中流位流率系的确定

科技型中小企业协同创新网络系统分为科技支撑网络系统、人力资源网络系统、融资网络系统、市场开拓网络系统四个部分。根据科技型中小企业协同创新网络发展中存在的主要问题，针对每个子系统的作用机制及特点，结合案例调查与研究成果分析，确定科技型中小企业协同创新网络系统的流位流率系，如表5-1所示。

此外，定义Ei为外生变量，ai为对应的调控参数，外生变量E1(t)为政府对技术资源的作用因子，E2(t)为政府对人才数量的作用因子，E3(t)为政府对创新资金总额的作用因子，E4(t)为政府对市场的作用因子。

表 5 - 1 流位流率系

流位变量	流率变量
技术资源拥有量 L1(t)	技术资源拥有变化量 R1(t)
人才数量 L2(t)	人才数量变化量 R2(t)
资金总额 L3(t)	资金总额变化量 R3(t)
市场份额 L4(t)	市场份额变化量 R4(t)

二、构建流率基本入树模型

根据表 5 - 1 所给的流位变量和流率变量建立 4 棵流率基本入树，即技术资源拥有量流率基本入树 T1(t)；人才数量流率基本入树 T2(t)；资金总额流率基本入树 T3(t)；市场份额流率基本入树 T4(t)。

(一) 科技支撑网络——技术资源拥有量流率基本入树 T1(t)

如图 5 - 1 所示，技术资源拥有量流率基本入树 T1(t) 的流位变量为技术资源拥有量 L1(t)，流率变量为技术资源拥有变化量 R1(t)。其中影响技术资源拥有变化量 R1(t) 的变量为：自有技术资源拥有量A11(t)、技术引入数量A12(t)和外部设备使用量A13(t)。自有技术资源拥有量和技术引入量属于技术资源中的软件资源，外部设备使用量属于技术资源里的硬件资源。

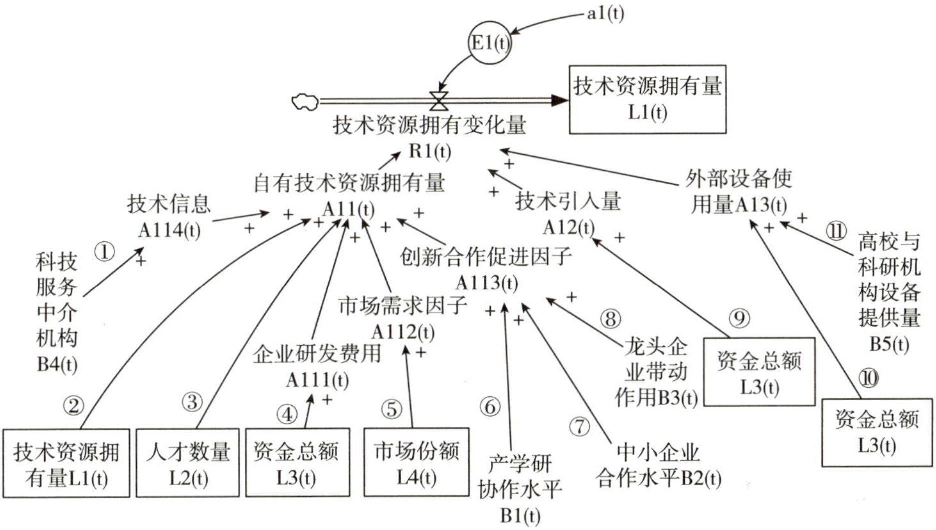

图5-1 技术资源拥有量流率基本入树T1(t)

影响自有技术资源拥有量A11(t)的变量有企业研发费用A111(t)、市场需求因子A112(t)、创新合作促进因子A113(t)、技术信息A114(t)、技术资源拥有量L1(t)和人才数量L2(t)。其中，技术信息A114(t)、企业研发费用A111(t)、市场需求因子A112(t)和创新合作促进因子A113(t)又分别受到科技服务中介机构B4(t)、资金总额L3(t)、市场份额L4(t)、产学研协作水平B1(t)、中小企业合作水平B2(t)、龙头企业带动作用B3(t)的影响。

技术引入量A12(t)受到资金总额L3(t)的影响，外部设备使用量 A13(t) 受到高校与科研机构设备提供量 B5(t) 和资金总额 L3(t) 的影响。

技术资源拥有变化量 R1(t) 受到 4 个流位变量和 12 个环境辅助变量影响，构成了以下 11 条树枝：

树枝①：科技服务中介机构 B4(t) $\xrightarrow{+}$ 技术信息 A114(t) $\xrightarrow{+}$ 自有技术资源拥有量 A11(t) $\xrightarrow{+}$ 技术资源拥有变化量 R1(t)

树枝①表示科技服务中介机构增加或其作用增强，则提供给企业的技术信息增加，使企业及时了解市场上的技术需求导向，自有技术资源拥有量增加，技术资源拥有变化量增加，此树枝构成一条正因果链。

树枝②：技术资源拥有量 L1(t) $\xrightarrow{+}$ 自有技术资源拥有量 A11(t) $\xrightarrow{+}$ 技术资源拥有变化量 R1(t)

树枝②表示企业技术资源拥有总量增加，企业自有技术资源拥有量相应增加，技术资源拥有变化量增加，此树枝构成一条正因果链且构成自循环。

树枝③：资金总额 L3(t) $\xrightarrow{+}$ 企业研发费用 A111(t) $\xrightarrow{+}$ 自有技术资源拥有量 A11(t) $\xrightarrow{+}$ 技术资源拥有变化量 R1(t)

树枝③表示资金总额增加，则企业可用于技术创新的企业研发费用增加，研发费用增加使企业的技术创新能力提高，自有技术资源拥有量增加，技术资源拥有变化量增加，此树枝构成一条正因果链。

树枝④：市场份额 L4(t) $\xrightarrow{+}$ 市场需求因子 A112(t) $\xrightarrow{+}$ 自有技术资源拥有量 A11(t) $\xrightarrow{+}$ 技术资源拥有变化量 R1(t)

树枝④表示市场份额增加，则市场需求因子（市场上的技术需求导向）的影响增加，企业为了创新成果的市场化可得市场份额自有技术资源拥有量亦增加，技术资源拥有变化量增加，此树枝构成一条正因果链。

树枝⑤：人才数量 L2(t) $\xrightarrow{+}$ 自有技术资源拥有量 A11(t) $\xrightarrow{+}$ 技术资源拥有变化量 R1(t)

树枝⑤表示人才数量（技术人才为主，包括高中低各层次的技术人才）增加，则企业的技术创新能力提高，企业自有技术资源拥有量增加，技术资源拥有变化量增加，此树枝构成一条正因果链。

树枝⑥：产学研协作水平 B1(t) $\xrightarrow{+}$ 创新合作促进因子 A113(t) $\xrightarrow{+}$ 自有技术资源拥有量 A11(t) $\xrightarrow{+}$ 技术资源拥有变化量 R1(t)

树枝⑥表示企业与高校和科研机构的产学研协作水平提高，则创新合作促进因子（科技型中小企业进行外部协同创新合作对其技术创新产生的作用）增加，使企业的技术创新能力提高，自有技术资源拥有量增加，技术资源拥有变化量增加，此树枝构成一条正因果链。

树枝⑦：中小企业合作水平 B2(t) $\xrightarrow{+}$ 创新合作促进因子 A113(t) $\xrightarrow{+}$ 自有技术资源拥有量 A11(t) $\xrightarrow{+}$ 技术资源拥有变化量 R1(t)

树枝⑦表示中小企业之间的合作水平提高，有利于中小企业之间技术创新共享，则创新合作促进因子增加，企业的技术创新能力提高，自有技术资源拥有量增加，技术资源拥有变化量增加，此树枝构成一条正因果链。

树枝⑧：龙头企业带动作用 B3(t) $\xrightarrow{+}$ 创新合作促进因子 A113(t) $\xrightarrow{+}$ 自有技术资源拥有量 A11(t) $\xrightarrow{+}$ 技术资源拥有变化量 R1(t)

树枝⑧表示龙头企业带动作用增加，有利于龙头企业带动产业链形成，创新合作促进因子增加，自有技术资源拥有量增加，技术资源拥有变化量增加，此树枝构成一条正因果链。

树枝⑨：资金总额 L3(t) $\xrightarrow{+}$ 技术引入数量 A12(t) $\xrightarrow{+}$ 技术资源拥有变化量 R1(t)

树枝⑨表示资金总额增加，则企业可用于从外部引入先进技术的资金增加，创新技术引入量增加，技术资源拥有变化量增加，此树枝构成一条正因果链。

树枝⑩：资金总额 L3(t) $\xrightarrow{+}$ 外部设备使用量 A13(t) $\xrightarrow{+}$ 技术资源拥有变化量 R1(t)

树枝⑩表示资金总额增加，企业从高校和科研机构借用或租用的技术设备增加，即企业的外部设备使用量增加，技术资源拥有变化量提高，此树枝构成一条正因果链。

树枝⑪：高校与科研机构设备提供量 B5(t) $\xrightarrow{+}$ 外部设备使用量 A13(t) $\xrightarrow{+}$ 技术资源拥有变化量 R1(t)

树枝⑪表示高校与科研机构设备提供量增加，则企业可利用的外部设备使用量增加，技术资源拥有变化量增加，此树枝构成一条正因果链。

（二）人力资源网络——人才数量流率基本入树 T2(t)

如图 5－2 所示，人才数量流率基本入树 T2(t) 的流位变量为人才数量 L2(t)，流率变量为人才数量变化量 R2(t)。其中影响人才数量变化量 R2(t) 的变量为人才吸引量 A21(t)、人才留住比率 A22(t)、人才培养数量 A23(t)。人才吸引量 A21(t) 指企业对院士等高层次人才的吸引量，人才留住比率 A22(t) 指企业留住的企业不可缺少的人才比率，人才培养数量 A23(t) 指高校培养的符合企业要求的人才的总数量。

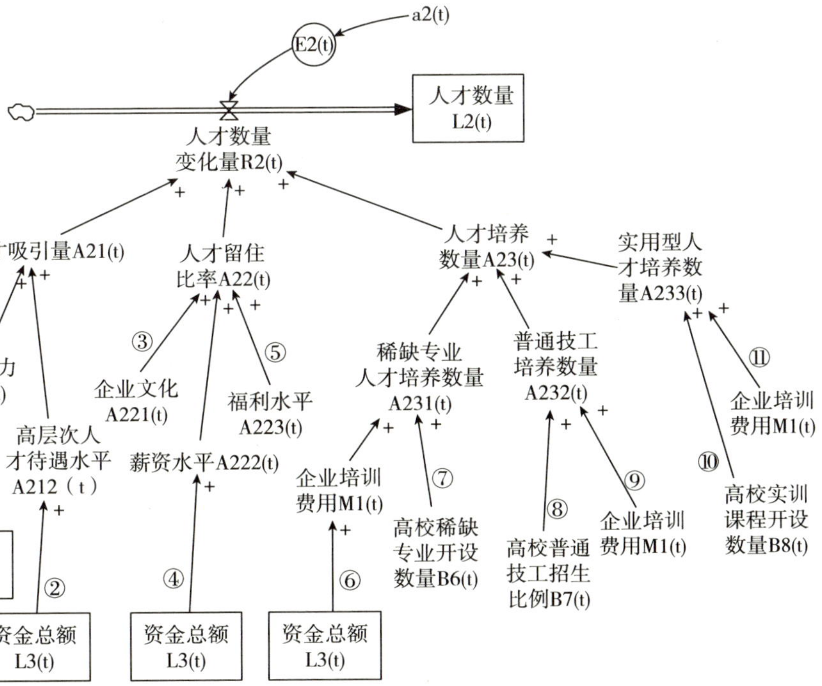

图 5-2 人才数量流率基本入树 T2(t)

人才吸引量 A21(t) 的变量受到企业实力 A211(t) 和高层次人才待遇水平 A212(t) 的影响，企业实力和高层次人才待遇水平又分别受到市场份额 L4(t) 和资金总额 L3(t) 的影响。

人才留住比率 A22(t) 的变量受到企业文化 A221(t)、薪资水平 A222(t) 和福利水平 A223(t) 的影响，而薪资水平 A222(t) 又受到资金总额 L3(t) 的影响。

人才培养数量 A23(t) 的变量受到稀缺专业人才培养数量 A231(t)、高校普通技工培养数量 A232(t) 和实用型人才培养数量 A233(t) 的影响。高校稀缺专业人才培养数量 A231(t)、高校普通技工培养数量 A232(t) 和高校实用型人才培养数量 A233(t) 又分别受到高校稀缺专业开设数量 B6(t)、普通技工招生比例 B7(t)、高校实训课程开设数量 B8(t) 以及企业培训费用 M1(t) 的影响。企业培训费用 M1(t) 最终受到资金总额 L3(t) 的影响。

综上所述，人才数量变化量 R2(t) 受到 2 个流位变量和 15 个环境辅助变量影响，构成了以下 11 条树枝：

树枝①：市场份额 L4(t) $\xrightarrow{+}$ 企业实力 A211(t) $\xrightarrow{+}$ 人才吸引量 A21(t) $\xrightarrow{+}$ 人才数量变化量 R2(t)

树枝①表示市场份额增加，反映出企业实力增强，具有更好的发展前景，对人才的吸引力增加，于是人才吸引量增加，人才数量变化量增加，此树枝构成一条正因果链。

树枝②：资金总额 L3(t) $\xrightarrow{+}$ 高层次人才待遇水平 A212(t) $\xrightarrow{+}$ 人才吸引量 A21(t) $\xrightarrow{+}$ 人才数量变化量 R2(t)

树枝②表示资金总额增加，则企业可以提供更加充足的项目资金、更先进的实验室与设备，高层次人才待遇水平提高，人才吸引量增加，人才数量变化量增加，此树枝构成一条正因果链。

树枝③：企业文化 A221(t)$\xrightarrow{+}$人才留住比率 A22(t)$\xrightarrow{+}$人才数量变化量 R2(t)

树枝③表示企业营造的企业文化影响力或感染力增强，员工对企业的归属感提高，则人才留住比率提高，人才数量变化量增加，此树枝构成一条正因果链。

树枝④：资金总额 L3(t)$\xrightarrow{+}$薪资水平 A222(t)$\xrightarrow{+}$人才留住比率 A22(t)$\xrightarrow{+}$人才数量变化量 R2(t)

树枝④表示资金总额增加，则企业员工的薪资水平提高，人才留住比率提高，人才数量变化量增加，此树枝构成一条正因果链。

树枝⑤：福利水平 A223(t)$\xrightarrow{+}$人才留住比率 A22(t)$\xrightarrow{+}$人才数量变化量 R2(t)

树枝⑤表示员工福利水平（住房优惠、子女就近入学优惠政策等福利政策）提高，则人才留住比率提高，人才数量变化量增加，此树枝构成一条正因果链。

树枝⑥：资金总额 L3(t)$\xrightarrow{+}$企业培训费用 M1(t)$\xrightarrow{+}$稀缺专业人才培养数量 A231(t)$\xrightarrow{+}$人才培养数量 A23(t)$\xrightarrow{+}$人才数量变化量 R2(t)

树枝⑥表示资金总额增加，则企业培训费用（企业自身用于培养各类满足企业需求的人才的费用）增加，于是企业的稀缺专业人才培养数量增加，企业人才培养总人数增加，人才数量变化量增加，此树枝构成一条正因果链。

树枝⑦：高校稀缺专业开设数量 B6(t)$\xrightarrow{+}$稀缺专业人才培养数量 A231(t)$\xrightarrow{+}$人才培养数量 A23(t)$\xrightarrow{+}$人才数量变化量

R2(t)

树枝⑦表示高校稀缺专业开设数量增加，则稀缺专业人才培养数量增加，人才培养数量增加，人才数量变化量增加，此树枝构成一条正因果链。

树枝⑧：高校普通技工招生比例 B7(t) $\xrightarrow{+}$ 普通技工培养数量 A232(t) $\xrightarrow{+}$ 人才培养数量 A23(t) $\xrightarrow{+}$ 人才数量变化量 R2(t)

树枝⑧表示高校普通技工招生比例提高，则普通技工培养数量增加，人才培养数量增加，人才数量变化量增加，此树枝构成一条正因果链。

树枝⑨：资金总额 L3(t) $\xrightarrow{+}$ 企业培训费用 M1(t) $\xrightarrow{+}$ 普通技工培养数量 A232(t) $\xrightarrow{+}$ 人才培养数量 A23(t) $\xrightarrow{+}$ 人才数量变化量 R2(t)

树枝⑨表示资金总额增加，则企业培训费用增加，企业的普通技工培养数量增加，人才培养数量增加，人才数量变化量增加，此树枝构成一条正因果链。

树枝⑩：资金总额 L3(t) $\xrightarrow{+}$ 企业培训费用 M1(t) $\xrightarrow{+}$ 实用型人才培养数量 A231(t) $\xrightarrow{+}$ 人才培养数量 A23(t) $\xrightarrow{+}$ 人才数量变化量 R2(t)

树枝⑩表示资金总额增加，则企业培训费用增加，企业的实用型人才培养数量增加，人才培养数量增加，人才数量变化量增加，此树枝构成一条正因果链。

树枝⑪：高校实训课程开设数量 B8(t) $\xrightarrow{+}$ 实用型人才培养数量 A231(t) $\xrightarrow{+}$ 人才培养数量 A23(t) $\xrightarrow{+}$ 人才数量变化量 R2(t)

树枝⑪表示高校实训课程开设数量增加，则实用型人才培养数量增加，人才培养数量亦增加，人才数量变化量增加，此树枝构成一条正因果链。

（三）融资网络——资金总额流率基本入树 T3(t)

如图 5-3 所示，资金总额流率基本入树 T3(t) 的流位变量为资金总额 L3(t)，流率变量为资金总额变化量 R3(t)，影响资金总额变化量 R3(t) 的变量为自有资金 A31(t)、外部融资 A32(t) 和政府专项资金 A33(t)。政府专项资金 A33(t) 受到技术资源拥有量 L1(t) 的影响。

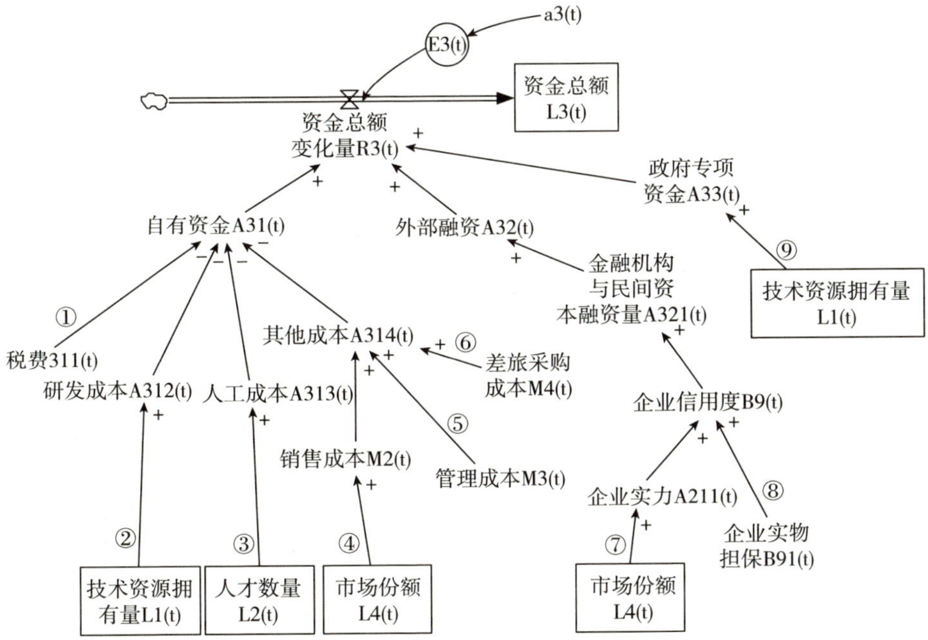

图 5-3　资金总额流率基本入树 T3(t)

影响自有资金 A31(t) 的变量有税费 A311(t)、研发成本

A312(t)、人工成本 A313(t) 和其他成本 A314(t)。研发成本、人工成本和其他成本又分别受到技术资源拥有量 L1(t)、人才数量 L2(t)、营销成本 M2(t)、管理成本 M3(t)、差旅采购成本 M4(t)的影响。营销成本 M2(t) 又受到市场份额 L4(t) 的影响。

影响外部融资 A32(t) 的变量是金融机构与民间资本融资量 A321(t)。金融机构与民间资本融资量受到企业信用度 B9(t) 的影响，企业信用度 B9(t) 受到企业实力 A211(t) 和企业实物担保 B91(t) 的影响，企业实力 A211(t) 又受到市场份额 L4(t) 的影响。

综上所述，资金总额变化量 R3(t) 受 3 个流位变量和 14 个环境辅助变量影响，构成了以下 9 条树枝：

树枝①：税费 A311(t) $\xrightarrow{-}$ 自有资金 A31(t) $\xrightarrow{+}$ 资金总额变化量 R3(t)

树枝①表示税费增加，则企业的税率负担加重，自有资金减少，资金总额变化量减少，此树枝构成一条负因果链。

树枝②：技术资源拥有量 L1(t) $\xrightarrow{+}$ 研发成本 A312(t) $\xrightarrow{-}$ 自有资金 A31(t) $\xrightarrow{+}$ 资金总额变化量 R3(t)

树枝②表示技术资源拥有量增加，则代表企业投入的研发成本增加，自有资金减少，资金总额变化量减少，此树枝构成一条负因果链。

树枝③：人才数量 L2(t) $\xrightarrow{+}$ 人工成本 A313(t) $\xrightarrow{-}$ 自有资金 A31(t) $\xrightarrow{+}$ 资金总额变化量 R3(t)

树枝③表示人才数量增加，则企业负担的人工成本（如员工工资、所得税、五险一金等）增加，自有资金减少，资金总额变化量下降，此树枝构成一条负因果链。

树枝④：市场份额 L4(t) $\xrightarrow{+}$ 营销成本 M2(t) $\xrightarrow{+}$ 其他成本 A314(t) $\xrightarrow{-}$ 自有资金 A31(t) $\xrightarrow{+}$ 资金总额变化量 R3(t)

树枝④表示市场份额增加，则代表企业为开拓市场或维持市场份额而付出的营销成本（包括投标和产品推广等）增加，其他成本增加，则自有资金减少，资金总额变化量减少，此树枝构成一条负因果链。

树枝⑤：管理成本 M3(t) $\xrightarrow{+}$ 其他成本 A314(t) $\xrightarrow{-}$ 自有资金 A31(t) $\xrightarrow{+}$ 资金总额变化量 R3(t)

树枝⑤表示管理成本增加，则其他成本增加，自有资金减少，资金总额变化量减少，此树枝构成一条负因果链。

树枝⑥：差旅采购成本 M4(t) $\xrightarrow{+}$ 其他成本 A314(t) $\xrightarrow{-}$ 自有资金 A31(t) $\xrightarrow{+}$ 资金总额变化量 R3(t)

树枝⑥表示差旅采购成本（包括设备、材料等采购时的运输费用和采购人员的差旅费用等）增加，则其他成本增加，自有资金减少，资金总额变化量减少，此树枝构成一条负因果链。

树枝⑦：市场份额 L4(t) $\xrightarrow{+}$ 企业实力 A211(t) $\xrightarrow{+}$ 企业信用度 B9(t) $\xrightarrow{+}$ 金融机构与民间资本融资量 A321(t) $\xrightarrow{+}$ 外部融资 A32(t) $\xrightarrow{+}$ 资金总额变化量 R3(t)

树枝⑦表示市场份额增加，则企业实力相应提高，银行等金融机构所评定的企业信用度增加，金融机构与民间资本融资量增加，则外部融资增加，资金总额变化量增加，此树枝构成一条正因果链。

树枝⑧：企业实物担保 B91(t) $\xrightarrow{+}$ 企业信用度 B9(t) $\xrightarrow{+}$ 金融机构与民间资本融资量 A321(t) $\xrightarrow{+}$ 外部融资 A32(t) $\xrightarrow{+}$ 资金总额变化量 R3(t)

树枝⑧表示企业实物担保增加，则企业信用度提高，金融机构与民间资本融资量增加，外部融资增加，资金总额变化量增加，此树枝构成一条正因果链。

树枝⑨：技术资源拥有量 L1(t) $\xrightarrow{+}$ 政府专项资金 A23(t) $\xrightarrow{+}$ 资金总额变化量 R3(t)

树枝⑨表示企业技术资源拥有量增加，政府财政对支持企业科技创新的政府专项资金增加，则资金总额变化量增加，此树枝构成一条正因果链。

（四）市场开拓网络——市场份额流率基本入树 T4(t)

如图 5－4 所示，市场份额流率基本入树 T4(t) 的流位变量为市场份额 L4(t)，流率变量为市场份额变化量 R4(t)，其中影响市场份额变化量 R4(t) 的变量为自主开拓市场份额 A41(t) 和辅助开拓市场份额 A42(t)。自主开拓市场份额指企业利用自身的条件和资源开拓出的市场份额，辅助开拓市场份额指企业在外部助力下开拓的市场份额，如政府对企业市场开拓和中介机构提供的市场信息等。

影响自主开拓市场份额 A41(t) 的变量有产品竞争力 A411(t)、市场开拓费用 A413(t) 和营销人员数量 A412(t)，产品竞争力、市场开拓费用和营销人员数量 A412(t) 又分别受到技术资源拥有量 L1(t)、资金总额 L3(t) 和人才数量 L2(t) 的影响。

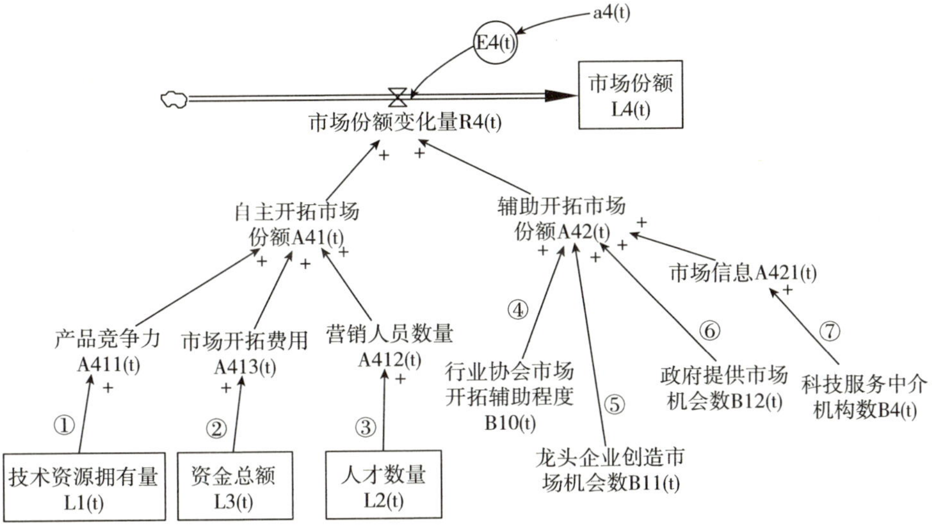

图 5－4　市场份额流率基本入树 T4(t)

影响辅助开拓市场份额 A42(t) 的变量是市场信息 A421(t)、行业协会市场开拓辅助程度 B10(t)、龙头企业创造市场机会数 B11(t) 和政府提供市场机会数 B12(t)。市场信息 A421(t) 又受到科技服务中介机构 B4(t) 的影响。

综上所述，市场份额变化量 R4(t) 受 3 个流位变量和 10 个环境辅助变量影响，构成了以下 7 条树枝：

树枝①：技术资源拥有量 L1(t) $\xrightarrow{+}$ 产品竞争力 A411(t) $\xrightarrow{+}$ 自主开拓市场份额 A41(t) $\xrightarrow{+}$ 市场份额变化量 R4(t)

树枝①表示技术资源拥有量增加，则企业的技术创新能力提高，产品竞争力提高，企业开拓市场的能力相应提高，企业自主开拓市场份额增加，市场份额变化量增加，此树枝构成一条正因果链。

树枝②：资金总额 L3(t) $\xrightarrow{+}$ 市场开拓费用 A413(t) $\xrightarrow{+}$ 自主开拓市场份额 A41(t) $\xrightarrow{+}$ 市场份额变化量 R4(t)

树枝②表示资金总额增加，则企业用来开拓市场的市场开拓费用增加，企业的市场开拓能力相对提高，自主开拓市场份额增加，市场份额变化量增加，此树枝构成一条正因果链。

树枝③：人才数量 L2(t) $\xrightarrow{+}$ 营销人员数量 A412(t) $\xrightarrow{+}$ 自主开拓市场份额 A41(t) $\xrightarrow{+}$ 市场份额变化量 R4(t)

树枝③表示人才数量增加，企业的营销人员数量相应增加，企业的市场开拓能力提高，企业自主开拓市场份额增加，市场份额变化量增加，此树枝构成一条正因果链。

树枝④：科技服务中介机构 B4(t) $\xrightarrow{+}$ 市场信息 A421(t) $\xrightarrow{+}$ 辅助开拓市场份额 A42(t) $\xrightarrow{+}$ 市场份额变化量 R4(t)

树枝④表示科技服务中介机构辅助企业开拓市场程度增强，则提供给企业的市场信息增加，减少了供给者与需求者之间的信息不对称性，使企业开拓市场份额增加，市场份额变化量增加，此树枝构成一条正因果链。

树枝⑤：行业协会市场开拓辅助程度 B10(t) $\xrightarrow{+}$ 辅助开拓市场份额 A42(t) $\xrightarrow{+}$ 市场份额变化量 R4(t)

树枝⑤表示行业协会辅助市场开拓作用增强，如协调企业与企业之间进行项目的合作，促进企业间的交流合作，并由此而改善存在恶性竞争的营商环境，则辅助开拓市场份额增加，市场份额变化量增加，此树枝构成一条正因果链。

树枝⑥：龙头企业创造市场机会数 B11(t) $\xrightarrow{+}$ 辅助开拓市场

份额 A42(t)$\xrightarrow{+}$市场份额变化量 R4(t)

树枝⑥表示龙头企业创造市场机会数增加（如带动产业链形成），则辅助开拓市场份额增加，市场份额变化量增加，此树枝构成一条正因果链。

树枝⑦：政府提供市场机会数 B12(t)$\xrightarrow{+}$辅助开拓市场份额 A42(t)$\xrightarrow{+}$市场份额变化量 R4(t)

树枝⑦表示政府提供市场机会数增加，如政府采购、政府发挥市场中介作用等，辅助开拓市场份额增加，市场份额变化量增加，此树枝构成一条正因果链。

三、科技型中小企业协同创新网络整体流图模型

在 Vensim 软件下运行，将之前建立的 4 棵流率基本入树 T1(t)、T2(t)、T3(t)、T4(t) 的相同顶点合并做嵌运算，即进行 $G_4(t)=T_1(t)\overrightarrow{\cup}T_2(t)\overrightarrow{\cup}T_3(t)\cup T_4(t)$，可构成流率基本入树模型的对应等价（网络）流图模型，即科技型中小企业协同创新网络系统总模型，如图 5-5 所示。

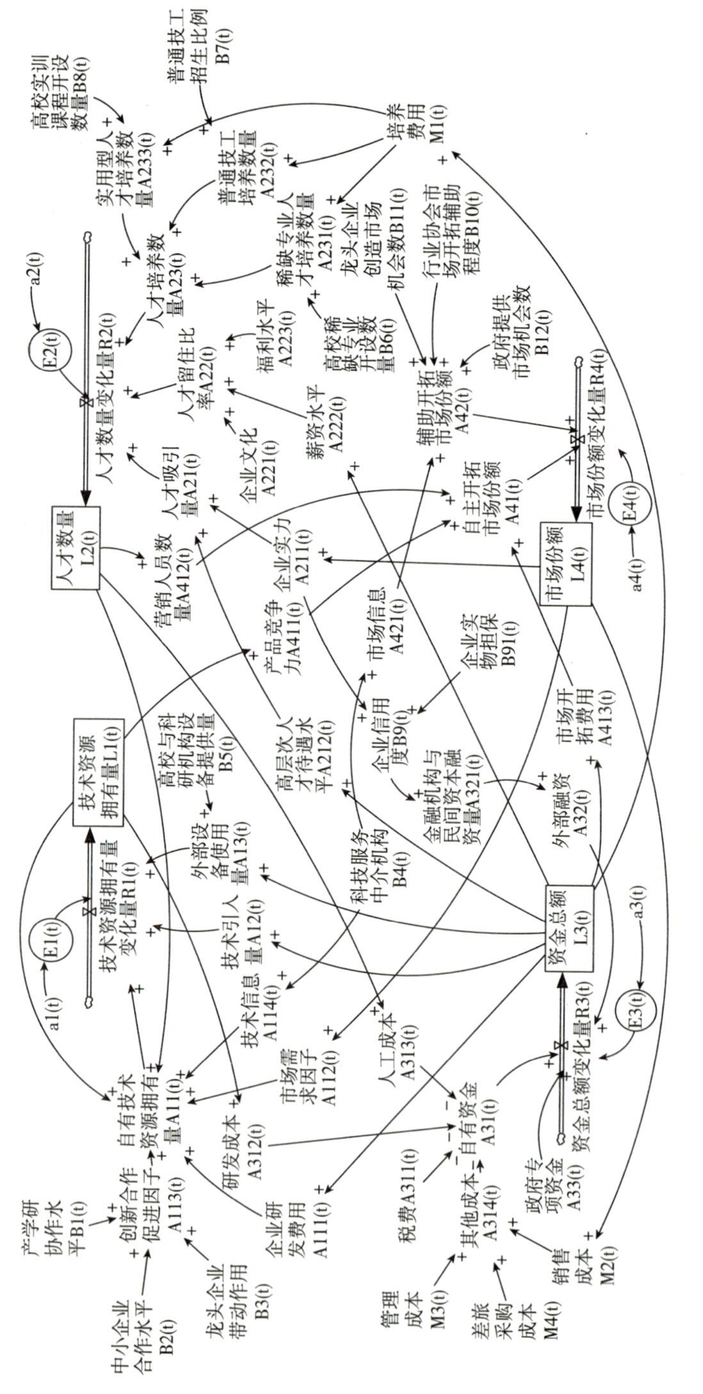

图 5-5 科技型中小企业协同创新系统总模型

四、反馈环计算

（一）建立强简化流率基本入树模型

同时删掉4棵流率基本入树模型中不进入反馈环的多个辅助变量和以流位为尾的枝中的非重复辅助变量，保持原来的因果链的正负极性，得到流位直接连接流率或通过重复辅助变量连接流率因果链枝。即得到原入树模型的对应强简化流率基本入树模型，如图5-6所示。

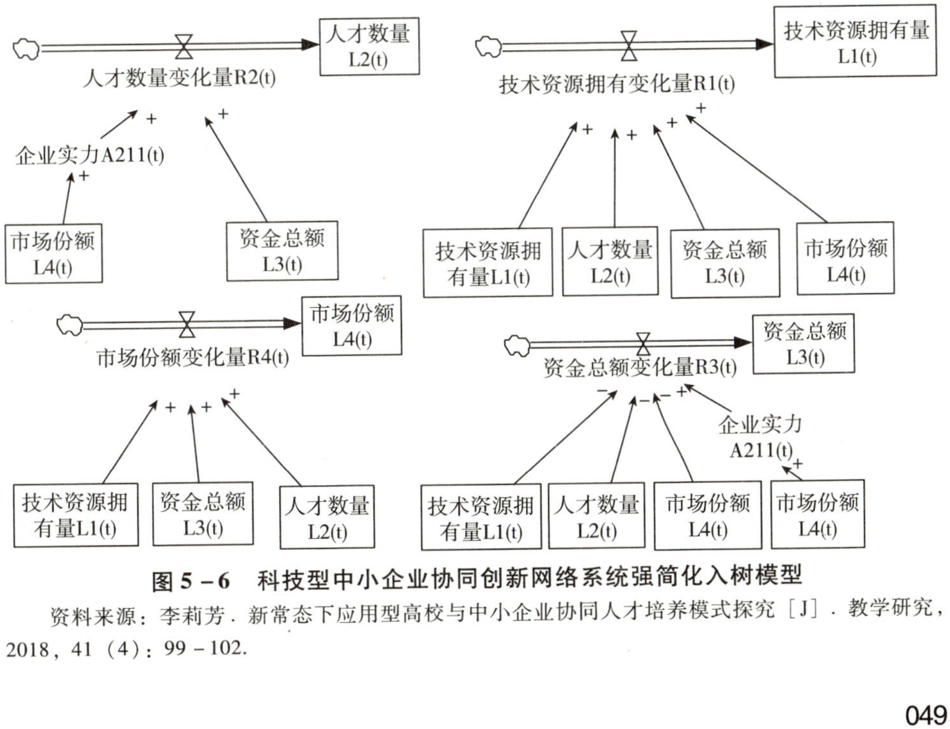

图5-6　科技型中小企业协同创新网络系统强简化入树模型

资料来源：李莉芳．新常态下应用型高校与中小企业协同人才培养模式探究［J］．教学研究，2018，41（4）：99-102.

（二）枝向量行列式反馈环计算

1. 计算一阶反馈环

由 T1(t)、T2(t)、T3(t)、T4(t) 的根尾关联枝可直接求出科技型中小企业协同创新网络系统中的一阶反馈环为：技术资源拥有变化量 R1(t) $\xrightarrow{+}$ 技术资源拥有量 L1(t) $\xrightarrow{+}$ 自有技术资源拥有量 A11(t) $\xrightarrow{+}$ 技术资源拥有变化量 R1(t)。

2. 计算二阶至四阶全部反馈环

反馈环枝向量行列式计算法（贾仁安，2014）实现了运用代数的方法计算出模型中的反馈环，为复杂系统的反馈环计算与系统反馈分析提供了方便，也使复杂系统反馈环的计算变得更为简单。根据前面 4 棵强简化流率基本入树模型，用枝向量行列式可以算出系统总体二阶至五阶全部反馈环。其对应的枝向量行列式为：

$$|A|=\begin{vmatrix} 1 & (R1,+,L2) & 3(R1,+,L3) & (R1,+,L4) \\ 0 & 1 & 5(R2,+,L3) & (R2,+,A211,L4) \\ (R3,-,L1) & (R3,-,L2) & 1 & (R3,-,L4)+(R3,+,A22,L4) \\ (R4,+,L1) & (R4,+,L2) & (R4,+,L3) & 1 \end{vmatrix} \quad (5-1)$$

根据计算结果，可以知道该系统有：15 个二阶反馈环(R4，+，L3)×(R3，-，L4)、(R4，+，L3)×(R3，+，A211，L4)、5(R2，+，L3)×(R3，-，L2)、(R4，+，L2)×(R2，+ A211，L4)、6(R1，+，L3)×(R3，-，L1)、(R4，+，L1)×(R1，+，L4)，其中 12 个二阶负反馈环，3 个二阶正反馈环；30 个三阶反馈环(R3，-，L2)×(R2，+，A211，L4)×(R4，+，L3)、5(R2，+，L3)×(R3，-，L4)×(R4，+，

L2）、5（R2，+，L3）×（R3，+，A211，L4）×（R4，+，L2）、10（R2，+，L3）×（R3，-，L1）×（R1，+，L2）、2（R3，-，L1）×（R1，+，L4）×（R4，+，L3）、（R4，+，L1）×（R1，+，L2）×（R2，+，A211，L4）、3（R1，+，L3）×（R3，-，L4）×（R4，+，L1）、3（R1，+，L3）×（R3，+，A211，L4）×（R4，+，L1），其中21个三阶负反馈环，9个三阶正反馈环；36个四阶反馈环2（R3，-，L1）×（R1，+，L2）×（R2，+，A211，L4）×（R4，+，L3）、10（R2，+，L3）×（R3，-，L1）×（R1，+，L4）×（R4，+，L2）、6（R3，-，R1）×（R4，+，L2）×（R1，+，L3）×（R2，+A211，L4）、5（R2，+，L3）×（R3，-，L4）×（R4，+，L1）×（R1，+，L2）、5（R2，+，L3）×（R3，+，A211，L4）×（R4，+，L1）×（R1，+，L2）、3（R1，+，L3）×（R3，-，L2）×（R2，+，A211，L4）×（R4，+，L1）、5（R4，+，L1）×（R3，-，R2）×（R2，+，L3）×（R1，+，L4），其中31个四阶负反馈环，5个四阶正反馈环。

由于系统的反馈作用主要由二阶及其以上反馈环确定，因此不考虑一阶反馈环，以下只对二阶以上反馈环进行分析讨论。

五、科技型中小企业协同创新网络关键因果链分析

反馈环对于系统运行有重要的作用，正反馈环和负反馈环对

系统动态变化的作用相反，正反馈环可促使系统不断发展，负反馈环制约系统发展，正反馈环和负反馈环的共同作用可使系统发生更为复杂的变化。科技型中小企业协同创新网络系统中存在的15个二阶反馈环、30个三阶反馈环、36个四阶反馈环构成了科技型中小企业协同创新网络系统关键结构，科技型中小企业协同创新网络系统中的很多问题皆是由此关键结构的反馈作用产生的。以下将通过对上述反馈环逐条进行因果链结构分析，着重分析影响系统发展的关键因果链，在此基础上提出消除抑制因素、提升科技型中小企业协同创新能力的管理对策。

（一）二阶反馈环分析

1. 第一条二阶反馈环分析——资金总额与市场份额相互作用的二阶负反馈环分析

（1）反馈环分析。如图5-7所示，市场份额L4(t)增加使用于开拓或维持市场份额的营销成本M2(t)增加，则其他成本A314(t)增加，自有资金A31(t)减少，于是资金总额变化量R3(t)下降，因此资金总额L3(t)减少；资金总额L3(t)减少则企业可用于市场开拓的市场开拓费用A413(t)减少，企业的市场开拓能力相对减弱，自主开拓市场份额A41(t)减少，于是市场份额变化量R4(t)降低抑制了市场份额L4(t)的增长。由此形成一个资金总额与市场份额相互作用的二阶负反馈环。

（2）环内关键因果链分析。由反馈环分析可得到2条关键促进因果链如下：

市场份额L4(t) $\xrightarrow{+}$ 营销成本M2(t) $\xrightarrow{+}$ 其他成本A314(t) $\xrightarrow{+}$ 自有资金A31(t) $\xrightarrow{+}$ 资金总额变化量R3(t)

资金总额 L3(t) $\xrightarrow{+}$ 市场开拓费用 A413(t) $\xrightarrow{+}$ 自主开拓市场份额 A41(t) $\xrightarrow{+}$ 市场份额变化量 R4(t)

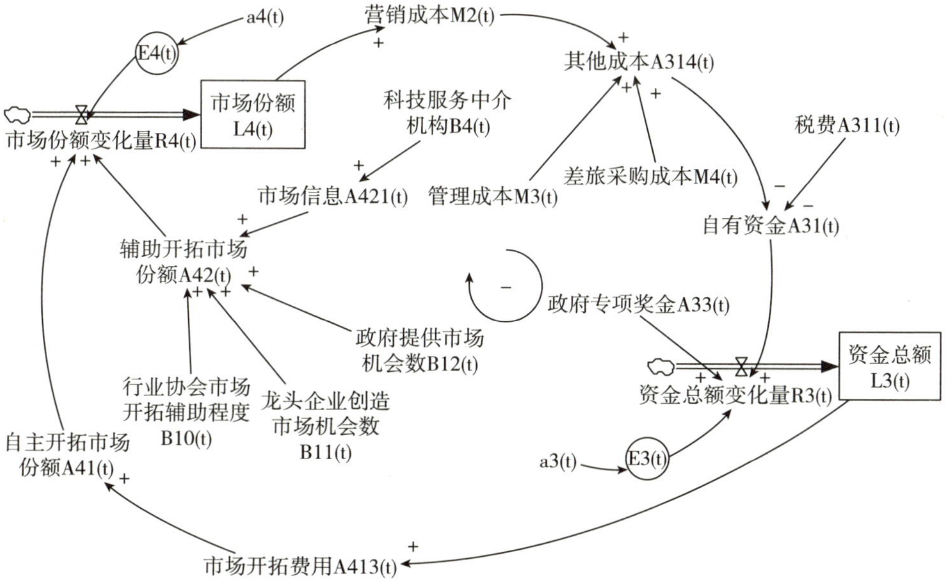

图 5－7　资金总额与市场份额相互作用的二阶负反馈环

(3) 环境关键因果链分析。市场份额变化量 R4(t) 的增加受到辅助开拓市场份额 A42(t) 的影响，即科技服务中介机构 B4(t)、政府提供市场机会数 B12(t)、龙头企业创造市场机会数 B11(t) 和行业协会市场开拓辅助程度 B10(t) 的影响，这些变量的增加加强了市场份额变化量 R4(t)。由此得到此二阶反馈环的 4 条关键促进因果链如下：

科技服务中介机构 B4(t) $\xrightarrow{+}$ 市场信息 A421(t) $\xrightarrow{+}$ 辅助开拓市场份额 A42(t) $\xrightarrow{+}$ 市场份额变化量 R4(t)

行业协会市场开拓扶助程度 B10(t) $\xrightarrow{+}$ 辅助开拓市场份额

A42(t) $\xrightarrow{+}$市场份额变化量 R4(t)

龙头企业创造市场机会数 B11(t)$\xrightarrow{+}$辅助开拓市场份额 A42(t) $\xrightarrow{+}$市场份额变化量 R4(t)

政府提供市场机会数 B12(t)$\xrightarrow{+}$辅助开拓市场份额 A42(t) $\xrightarrow{+}$市场份额变化量 R4(t)

资金总额变化量 R3(t) 受到政府专项资金 A33(t) 的影响，即政府财政的支持力度越大则企业的资金总额变化量 R3(t) 越大。由此得到该二阶反馈环的 1 条关键促进因果链如下：

政府专项资金 A33(t)$\xrightarrow{+}$资金总额变化量 R3(t)

其他成本 A314(t) 的增长受到管理成本 M3(t)、差旅采购成本 M4(t) 的促进，加强了对自有资金 A31(t)、资金总额变化量 R3(t) 的抑制作用。由此得到该二阶反馈环的 2 条抑制环境关键因果链如下：

管理成本 M3(t)$\xrightarrow{+}$其他成本 A314(t)$\xrightarrow{-}$自有资金 A31(t)$\xrightarrow{+}$资金总额变化量 R3(t)

差旅采购成本 M4(t)$\xrightarrow{+}$其他成本 A314(t)$\xrightarrow{-}$自有资金 A31(t) $\xrightarrow{+}$资金总额变化量 R3(t)

自有资金 A31(t) 的增长受到税费 A311(t) 的抑制，加强了对资金总额变化量 R3(t) 的抑制作用。由此得到该二阶反馈环的 1 条关键抑制因果链如下：

税费 A311(t)$\xrightarrow{-}$自有资金 A31(t) $\xrightarrow{+}$资金总额变化量 R3(t)

加强企业与科技服务中介机构、政府、龙头企业以及行业协会的联系与合作，提高协同网络上其他节点对企业市场开拓的辅助程度，降低企业各类成本，增加企业资金总额是提升科技型中小企业协同创新能力的关键。

2. 第二条二阶反馈环分析——资金总额与市场份额相互作用的二阶正反馈环分析

（1）反馈环分析。如图 5－8 所示，市场份额 L4(t) 增加代表企业实力 A211(t) 的提高，则银行等金融机构评定的企业信用度 B9(t) 提高，金融机构与民间资本愿意投入更多的资金来支持企业的发展，金融机构与民间资本融资量 A321(t) 增加，外部融资 A32(t) 增加，于是资金总额变化量 R3(t) 上升，促进了资金总额 L3(t) 的增加；资金总额 L3(t) 增加则企业可用于市场开拓的开拓费用 A413(t) 增加，企业的市场开拓能力提高，自主开拓市场份额 A41(t) 增加，市场份额变化量 R4(t) 上升促进了市场份额 L4(t) 的增长。由此形成一个资金总额与市场份额相互作用的二阶正反馈环。

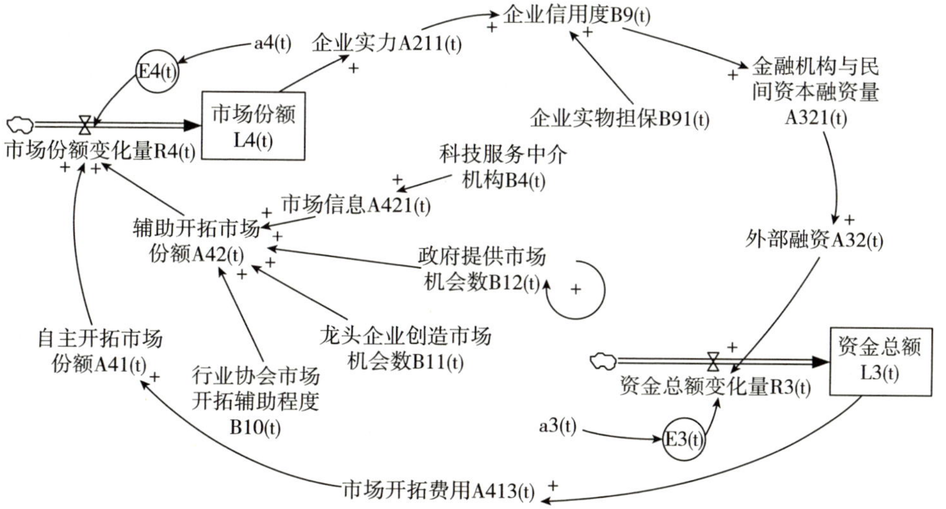

图 5－8　资金总额与市场份额相互作用的二阶正反馈环

（2）环内关键因果链分析。由反馈环分析可得到1条关键促进因果链如下：

市场份额 L4(t) $\xrightarrow{+}$ 企业实力 A211(t) $\xrightarrow{+}$ 企业信用度 B9(t) $\xrightarrow{+}$ 金融机构与民间资本融资量 A321(t) $\xrightarrow{+}$ 外部融资 A32(t) $\xrightarrow{+}$ 资金总额变化量 R3(t)

（3）环境关键因果链分析。企业信用度 B9(t) 受到企业实物担保 B91(t) 的影响，企业的实物担保越多则评定的企业信用度越高，加强了正反馈环对资金总额 L3(t) 的促进作用。由此可知，此二阶反馈环的1条关键促进因果链如下：

企业实物担保 B91(t) $\xrightarrow{+}$ 企业信用度 B9(t) $\xrightarrow{+}$ 金融机构与民间资本融资量 A321(t) $\xrightarrow{+}$ 外部融资 A32(t) $\xrightarrow{+}$ 资金总额变化量 R3(t)

增加企业市场开拓费用、促进创新产品市场化；依据市场需求积极开展技术创新，拥有自有技术，增强企业实力，运用新型的担保模式提升中小企业担保信用度，提高企业信用度，增加金融机构与民间资本对企业的融资量，提升企业的资金总额，是提升科技型中小企业协同创新能力的关键。

3. 第三条二阶反馈环分析——人才数量与资金总额相互作用的二阶负反馈环分析（1）

（1）反馈环分析。如图5-9所示，人才数量 L2(t) 增加使得企业人工成本 A313(t) 增加，则企业的自有资金 A31(t) 减少，资金总额变化量 R3(t) 下降，因此，资金总额 L3(t) 减少；资金总额 L3(t) 减少，企业就没有足够的资金来提供更高的高层次人才待遇水平 A212(t)，如有更充足的项目基金和专门的实验室与设备，企业对人才的吸引力下降，人才吸引量 A21(t) 减少，于是人才数量变化量 R2(t) 下降抑制了人才数量 L2(t) 的增加。由此形成了一个人才数量与资金总额相互作用的二阶负反馈环。

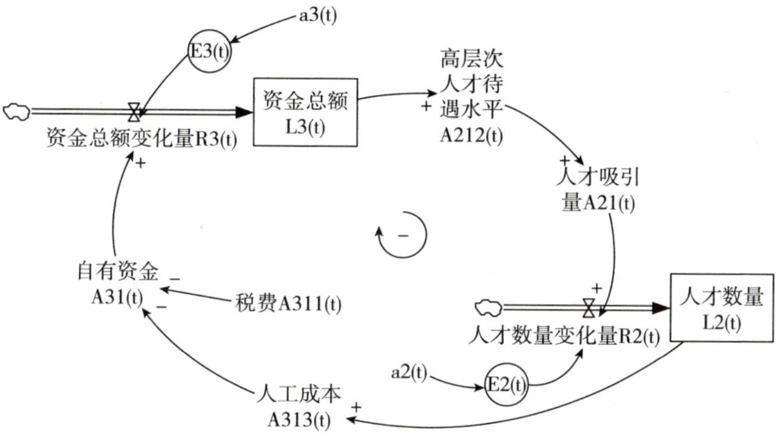

图 5-9　人才数量与资金总额相互作用的二阶负反馈环（1）

（2）环内关键因果链分析。由反馈环分析可得到 1 条关键促进因果链如下：

资金总额 L3(t) $\xrightarrow{+}$ 高层次人才待遇水平 A212(t) $\xrightarrow{+}$ 人才吸引量 A21(t) $\xrightarrow{+}$ 人才数量变化量 R2(t)

由反馈环分析可得到 1 条关键抑制因果链如下：

人才数量 L2(t) $\xrightarrow{+}$ 人工成本 A313(t) $\xrightarrow{-}$ 自有资金 A31(t) $\xrightarrow{+}$ 资金总额变化量 R3(t)

（3）环境关键因果链分析。自有资金 A31(t) 的增长受到税费 A311(t) 的抑制，增强了对资金总额变化量 R3(t) 的抑制作用。由此得到 1 条关键抑制因果链如下：

税费 A311(t) $\xrightarrow{-}$ 自有资金 A31(t) $\xrightarrow{+}$ 资金总额变化量 R3(t)

提高高层次人才待遇水平，政府帮助企业招募人才，拓宽高层次人才获取渠道，帮助企业减少成本，减轻企业税费负担是提升科技型中小企业协同创新能力的关键。

4. 第四条二阶反馈环分析——人才数量与资金总额相互作用的二阶负反馈环分析（2）

（1）反馈环分析。如图 5－10 所示，人才数量 L2(t) 增加代表企业员工数量的增多，所以企业人工成本 A313(t) 增加，企业自有资金 A31(t) 减少，资金总额变化量 R3(t) 下降，因此资金总额 L3(t) 减少；资金总额 L3(t) 减少则企业能提供给员工的薪资水平 A222(t) 下降，人才留住比率 A22(t) 减少，于是人才数量变化量 R2(t) 下降，人才数量 L2(t) 下降。由此形成一个人才数量与资金总额相互作用的二阶负反馈环。

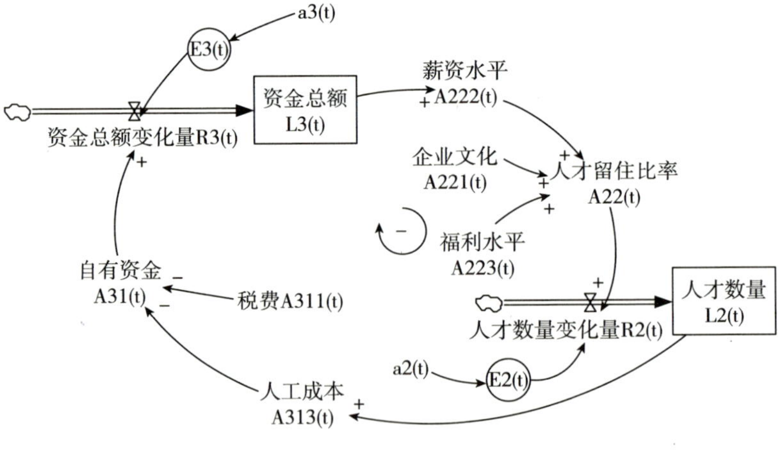

图 5－10　人才数量与资金总额相互作用的二阶负反馈环（2）

（2）环内关键因果链分析。由反馈环分析可得到 1 条关键促进因果链如下：

资金总额 L3（t）$\xrightarrow{+}$薪资水平 A222（t）$\xrightarrow{+}$薪资水平 A222（t）$\xrightarrow{+}$人才数量变化量 R2（t）

（3）环境关键因果链分析。自有资金 A31（t）的增长受到税费 A311（t）的抑制，增强了对资金总额变化量 R3（t）的抑制作用。由此得到 1 条关键抑制因果链如下：

税费 A311（t）$\xrightarrow{-}$自有资金 A31（t）$\xrightarrow{+}$资金总额变化量 R3（t）

人才留住比率 A22（t）受到企业文化 A221（t）和福利水平 A223（t）的促进，加强了对人才留住比率 A22（t）的促进作用，增强了对人才数量变化量 R2（t）的促进。由此得到 2 条关键促进因果链如下：

企业文化 A221（t）$\xrightarrow{+}$人才留住比率 A22（t）$\xrightarrow{+}$人才数量变化量 R2（t）

福利水平 A223（t）$\xrightarrow{+}$人才留住比率 A22（t）$\xrightarrow{+}$人才数量变化量 R2（t）

加强企业文化建设，增强青年员工对企业的归属感；提高人才福利水平，出台人才福利政策；帮助企业减少成本，减轻企业税费负担是提升科技型中小企业协同创新能力的关键。

5. 第五、第六、第七条二阶反馈环分析——人才数量与资金总额相互作用的二阶负反馈环分析（3）（4）（5）

（1）反馈环分析。如图 5－11、图 5－12 和图 5－13 所示，人才数量 L2（t）增加使得企业人工成本 A313（t）增加，企业自有资金 A31(t) 减少，于是资金总额变化量 R3(t) 下降，因此资金总额 L3(t) 减少；资金总额 L3(t) 减少则企业用来培养各类人才的企业培训费用 M1(t) 减少，于是稀缺专业人才培养数量 A231(t)、普通技工培养数量 A232(t)、实用型人才培养数量 A233(t) 减少，总的人才培养数量 A23(t) 减少，人才数量变化量 R2(t) 下降，人才数量 L2(t) 减少。由此形成三个人才数量与资金总额相互作用的二阶负反馈环。

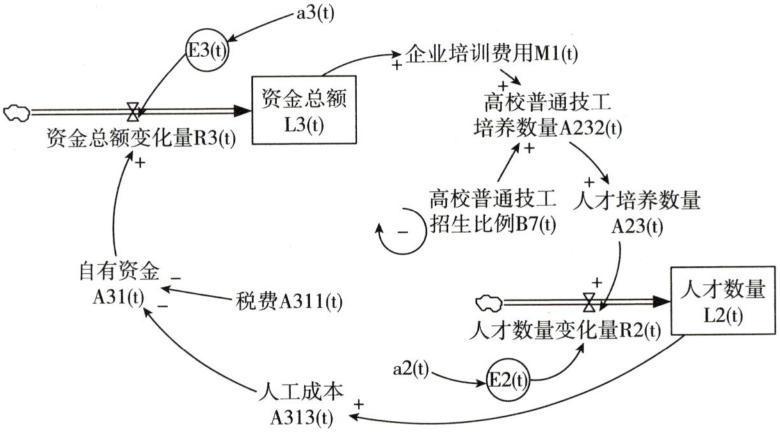

图 5-11 人才数量与资金总额相互作用的二阶负反馈环（3）

（2）关键因果链分析。稀缺专业人才培养数量 A231(t)、普通技工培养数量 A232(t)、实用型人才培养数量 A233(t) 的增长分别受到高校稀缺专业开设数量 B6(t)、普通技工招生比例 B7(t)、高校实训课程开设数量 B8(t) 的促进，增加了人才培养数量 A23(t)，增强了对人才数量变化量 R2(t) 的促进。由此得到 3 条关键促进因果链如下：

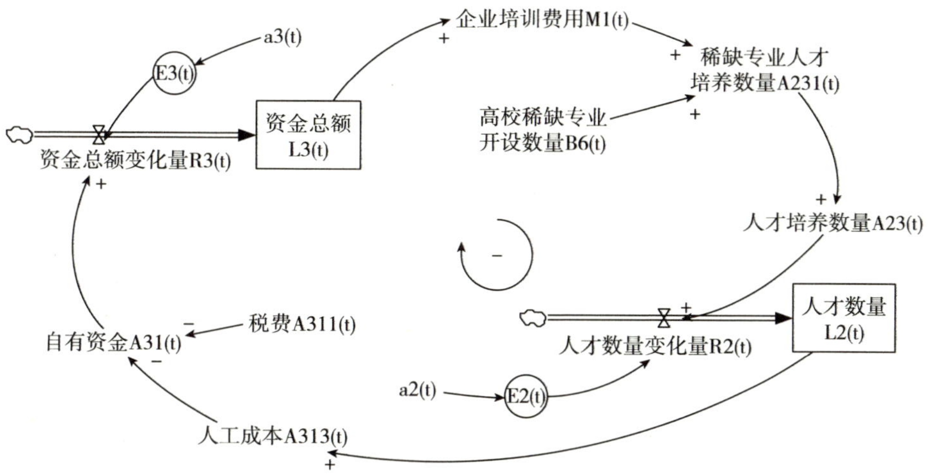

图5-12　人才数量与资金总额相互作用的二阶负反馈环（4）

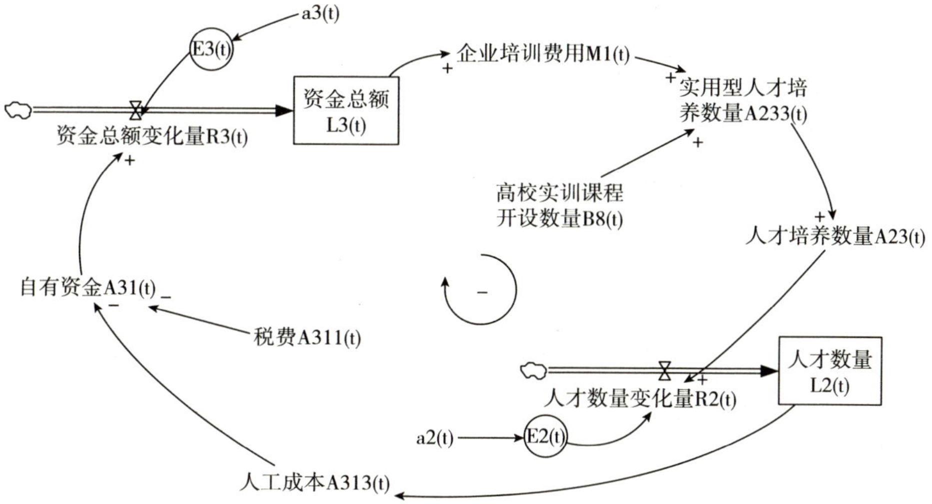

图5-13　人才数量与资金总额相互作用的二阶负反馈环（5）

资金总额 L3(t) $\xrightarrow{+}$ 企业培训费用 M1(t) $\xrightarrow{+}$ 稀缺专业人才培养数量 A231(t) $\xrightarrow{+}$ 人才培养数量 A23(t) $\xrightarrow{+}$ 人才数量变化

量 R2(t)

资金总额 L3(t)$\xrightarrow{+}$企业培训费用 M1(t)$\xrightarrow{+}$普通技工培养数量 A232(t) $\xrightarrow{+}$人才培养数量 A23(t)$\xrightarrow{+}$人才数量变化量 R2(t)

资金总额 L3(t)$\xrightarrow{+}$企业培训费用 M1(t)$\xrightarrow{+}$实用型人才培养数量 A233(t)$\xrightarrow{+}$人才培养数量 A23(t)$\xrightarrow{+}$人才数量变化量 R2(t)

(3) 环境关键因果链分析。稀缺专业人才培养数量 A231(t)、普通技工培养数量 A232(t)、实用型人才培养数量 A233(t) 的增长分别受到高校稀缺专业开设数量 B6(t)、普通技工招生比例 B7(t)、高校实训课程开设数量 B8(t) 的促进，增加了人才培养数量 A23(t)。由此得到 3 条关键促进因果链如下：

高校稀缺专业开设数量 B6(t)$\xrightarrow{+}$稀缺专业人才培养数量 A231(t)$\xrightarrow{+}$人才培养数量 A23(t)$\xrightarrow{+}$人才数量变化量 R2(t)

高校普通技工招生比例 B7(t)$\xrightarrow{+}$普通技工培养数量 A232(t) $\xrightarrow{+}$人才培养数量 A23(t)$\xrightarrow{+}$人才数量变化量 R2(t)

高校实训课程开设数量 B8(t)$\xrightarrow{+}$实用型人才培养数量 A233(t)$\xrightarrow{+}$人才培养数量 A23(t)$\xrightarrow{+}$人才数量变化量 R2(t)

引导高校转变人才培养方针，以市场需求为导向培养人才，缓解企业稀缺人才、普通技工、实用型专业人才极度缺乏的问题；帮助企业减少成本，减轻企业税费负担是提升科技型中小企业协同创新能力的关键。

6. 第八条二阶反馈环分析——人才数量与市场份额相互作用的二阶正反馈环分析

（1）反馈环分析。如图5－14所示，人才数量L2(t)增加，企业的营销人员数量A412(t)相应增加，企业的市场开拓能力相对提高，自主开拓市场份额A41(t)增加，于是市场份额变化量R4(t)上升，促进市场份额L4(t)增加；市场份额L4(t)增加则代表企业实力A211(t)提升，具有更好的发展前景，对人才的吸引力提高，人才吸引量A21(t)增加，于是人才数量变化量R2(t)升高促进了人才数量L2(t)增加。由此形成一个人才数量与市场份额相互作用的二阶正反馈环。

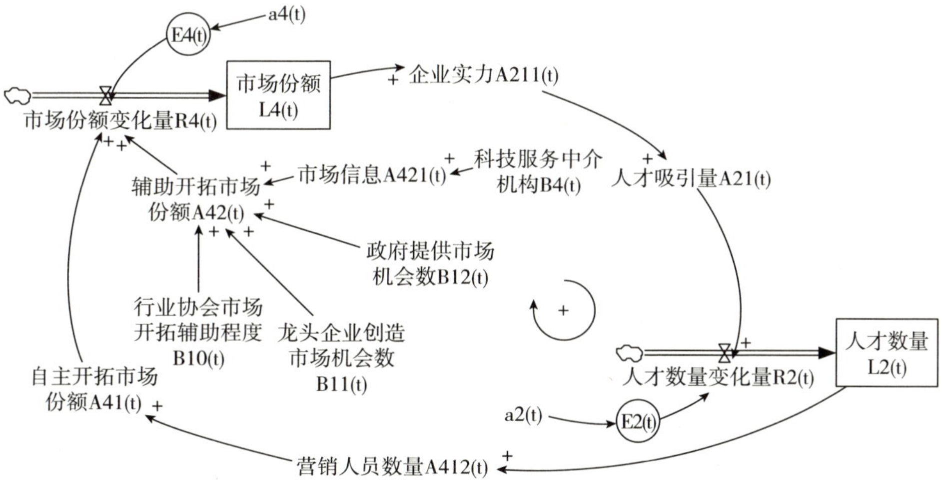

图5－14 人才数量与市场份额相互作用的二阶正反馈环

（2）环内关键因果链分析。由反馈环分析可得到2条关键促进因果链如下：

市场份额L4(t) $\xrightarrow{+}$ 企业实力A211(t) $\xrightarrow{+}$ 人才吸引量

A21(t) $\xrightarrow{+}$人才数量变化量 R2(t)

人才数量 L2(t)$\xrightarrow{+}$营销人员数量 A412(t)$\xrightarrow{+}$自主开拓市场份额 A41(t)$\xrightarrow{+}$市场份额变化量 R4(t)

(3) 环境关键因果链分析。市场份额变化量 R4(t) 的增加受到辅助开拓市场份额 A42(t) 的影响，即科技服务中介机构 B4(t)、政府提供市场机会数 B12(t)、龙头企业创造市场机会数 B11(t)、行业协会市场开拓辅助程度 B10(t) 的影响，这些变量的增加加强了市场份额变化量 R4(t)。由此得到此二阶反馈环的 4 条关键促进因果链如下：

科技服务中介机构 B4(t)$\xrightarrow{+}$市场信息 A421(t)$\xrightarrow{+}$辅助开拓市场份额 A42(t) $\xrightarrow{+}$市场份额变化量 R4(t)

行业协会市场开拓扶助程度 B10(t)$\xrightarrow{+}$辅助开拓市场份额 A42(t) $\xrightarrow{+}$市场份额变化量 R4(t)

龙头企业创造市场机会数 B11(t)$\xrightarrow{+}$辅助开拓市场份额 A42(t) $\xrightarrow{+}$市场份额变化量 R4(t)

政府提供市场机会数 B12(t)$\xrightarrow{+}$辅助开拓市场份额 A42(t) $\xrightarrow{+}$市场份额变化量 R4(t)

企业加强与政府、科技服务中介机构、行业协会、龙头企业的联系与合作，得到这些机构的辅助开拓市场，以及增加营销人员数量，提升企业自主开拓市场份额的能力是提升科技型中小企业协同创新能力的关键。

7. 第九条二阶反馈环分析——技术资源拥有量与资金总额相互作用的二阶负反馈环分析（1）

（1）反馈环分析。如图5-15所示，技术资源拥有量L1(t)增加则企业为此付出的研发成本A312(t)增加，自有资金A31(t)减少，于是资金总额变化量R3(t)下降，因此资金总额L3(t)减少；资金总额L3(t)减少则企业研发费用A111(t)减少，企业自身技术创新能力下降，自有技术资源拥有量A11(t)减少，技术资源拥有变化量R1(t)也减少，技术资源拥有量L1(t)因此也减少。由此形成一个技术资源拥有量与资金总额相互作用的二阶负反馈环。

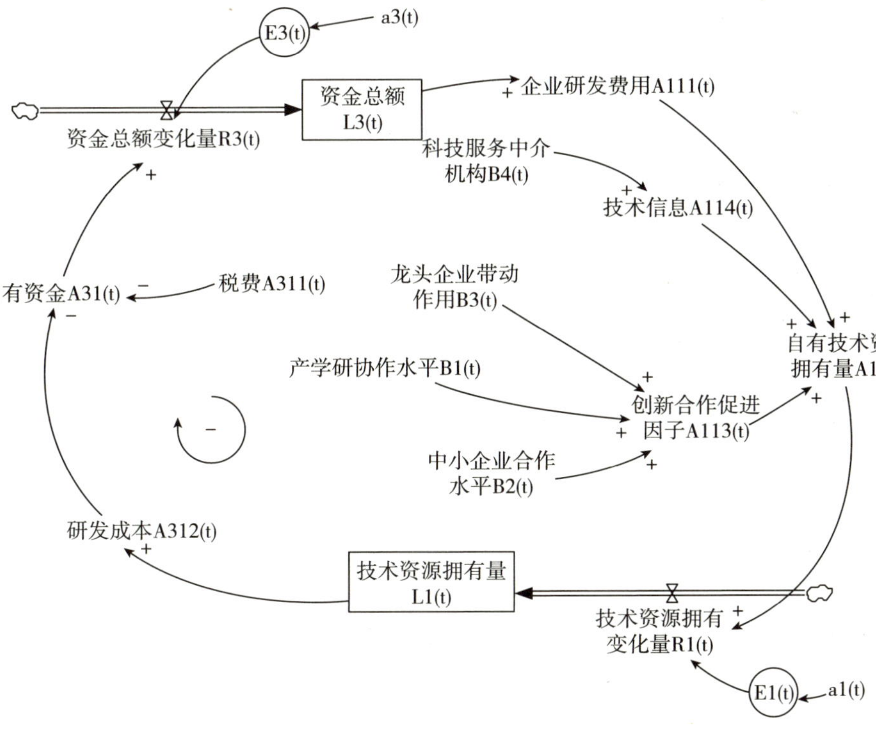

图5-15 技术资源拥有量与资金总额相互作用的二阶负反馈环（1）

（2）环内关键因果链分析。由反馈环分析可得到1条关键促进因果链如下：

资金总额L3(t) $\xrightarrow{+}$ 企业研发费用A111(t) $\xrightarrow{+}$ 自有技术资源拥有量A11(t) $\xrightarrow{+}$ 技术资源拥有变化量R1(t)

自有资金A31(t) 受到税费A311(t) 和研发成本A312 (t) 的抑制，加强了对资金总额变化量R3(t) 的抑制，由此得到1条关键抑制因果链如下：

技术资源拥有量L1(t) $\xrightarrow{+}$ 研发成本A312(t) $\xrightarrow{-}$ 自有资金A31(t) $\xrightarrow{+}$ 资金总额变化量R3(t)

（3）环境关键因果链分析。自有技术资源拥有量A11(t) 受到来自科技服务中介机构B4(t) 提供的技术信息A114(t) 的影响，技术信息的增加使科技型中小企业可以及时利用信息进行技术创新，则企业的自有技术资源拥有量A11(t) 增加；自有技术资源拥有量A11(t) 受到创新合作促进因子A113(t) 影响，即产学研协作水平B1(t)、中小企业合作水平B2(t)、龙头企业带动作用B3(t) 的影响，创新合作促进因子增强，自有技术资源拥有量A11(t) 增加。由此得到4条关键促进因果链如下：

产学研协作水平B1(t) $\xrightarrow{+}$ 创新合作促进因子A113(t) $\xrightarrow{+}$ 自有技术资源拥有量A11(t) $\xrightarrow{+}$ 技术资源拥有变化量R1(t)

中小企业合作水平B2(t) $\xrightarrow{+}$ 创新合作促进因子A113(t) $\xrightarrow{+}$ 自有技术资源拥有量A11(t) $\xrightarrow{+}$ 技术资源拥有变化量R1(t)

龙头企业带动作用B3(t) $\xrightarrow{+}$ 创新合作促进因子A113(t) $\xrightarrow{+}$ 自有技术资源拥有A11(t) $\xrightarrow{+}$ 技术资源拥有变化量R1(t)

科技服务中介机构 B4(t) $\xrightarrow{+}$ 技术信息 A114(t) $\xrightarrow{+}$ 自有技术资源拥有量 A11(t) $\xrightarrow{+}$ 技术资源拥有变化量 R1(t)

加强企业与科技中介机构的联系与合作，加强企业间的合作促进技术创新，减少企业成本与税费负担是提升科技型中小企业协同创新能力的关键。

8. 第十条二阶反馈环分析——技术资源拥有量与资金总额相互作用的二阶负反馈环分析（2）

（1）反馈环分析。如图 5－16 所示，技术资源拥有量 L1(t) 增加则企业为此付出的研发成本 A312(t) 增加，自有资金 A31(t)减少，于是资金总额变化量 R3(t) 下降，资金总额L3(t) 下降，企业可用于引入外部技术的资金减少，技术引入量A12(t) 减少，于是技术资源拥有变化量 R1(t) 下降，技术资源拥有量

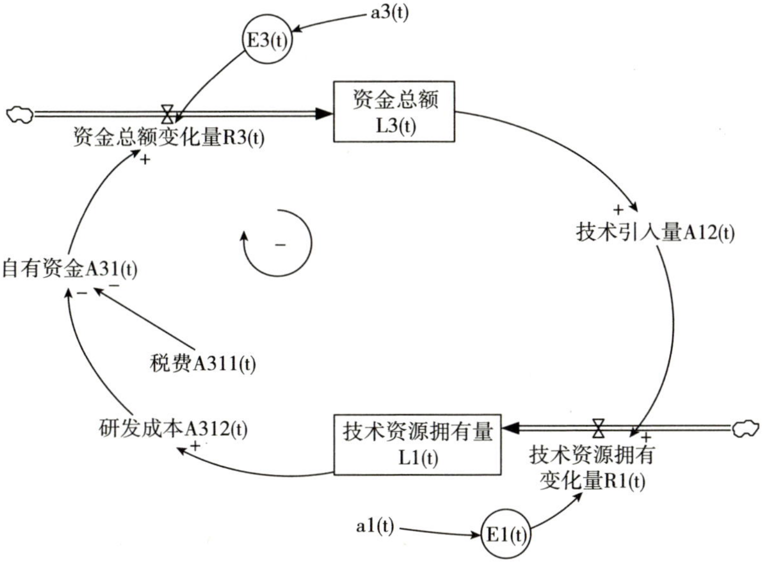

图 5－16　技术资源拥有量与资金总额相互作用的二阶负反馈环（2）

L1(t) 减少。由此形成一个技术资源拥有量与资金总额相互作用的二阶负反馈环。

(2) 关键因果链分析。由反馈环分析可得到1条关键促进因果链如下:

资金总额 L3(t) $\xrightarrow{+}$ 技术引入量 A12(t) $\xrightarrow{+}$ 技术资源拥有变化量 R1(t)

因此,减少企业成本与税费负担,提高企业的技术创新能力是提升科技型中小企业协同创新能力的关键。

9. 第十一条二阶反馈环分析——技术资源拥有量与资金总额相互作用的二阶负反馈环分析(3)

(1) 反馈环分析。如图5-17所示,技术资源拥有量 L1(t) 增加则企业为此付出的研发成本 A312(t) 增加,自有资金 A31(t)减少,于是资金总额变化量 R3(t) 下降,资金总额L3(t) 下降,企业可用于引入外部技术的资金减少,技术引入量A12(t) 减少,于是技术资源拥有变化量 R1(t) 下降,技术资源拥有量 L1(t) 减少。由此形成一个技术资源拥有量与资金总额相互作用的二阶负反馈环。

(2) 环内关键因果链分析。由反馈环分析可得到1条关键促进因果链如下:

资金总额 L3(t) $\xrightarrow{+}$ 自有资金 A31(t) $\xrightarrow{+}$ 技术资源拥有量 R1(t)

(3) 环境关键因果链分析。外部设备使用量 A13(t) 受到高校与科研机构设备提供量 B5(t) 的影响,高校与科研机构愿意提供的设备量越多则企业的外部设备使用量越多,促进了技术资源拥有量 R1(t) 的增加,技术资源拥有量 L1(t) 也相应增加。

由此得到1条关键促进因果链如下：

高校与科研机构设备提供量B5(t) $\xrightarrow{+}$ 外部设备使用量A13(t) $\xrightarrow{+}$ 技术资源拥有量R1(t) $\xrightarrow{+}$ 技术资源拥有量L1(t)

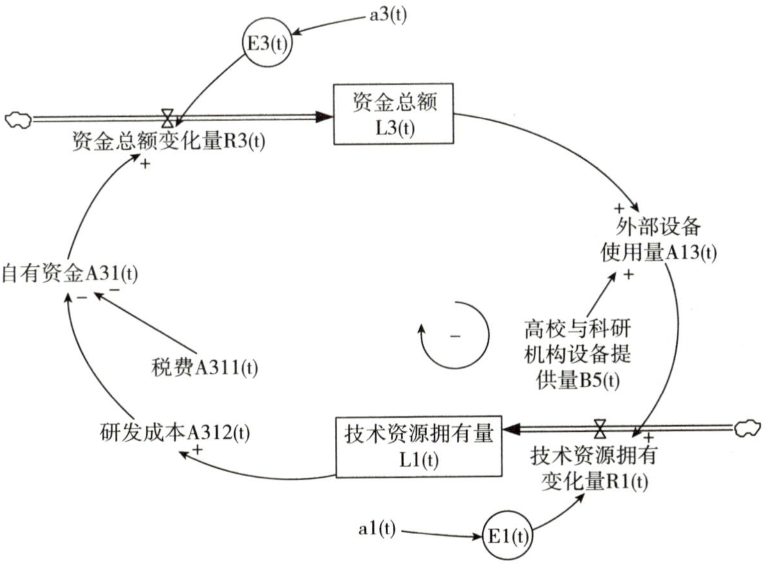

图5-17 技术资源拥有量与资金总额相互作用的二阶负反馈环（3）

增加高校与科研机构设备提供量，加大对科技型中小企业技术创新的支持力度，减少企业研发成本是提升科技型中小企业协同创新能力的关键。

10. 第十三、第十四条二阶反馈环分析——技术资源拥有量与资金总额相互作用的二阶负反馈环分析（4）（5）

（1）反馈环分析。如图5-18和图5-19所示，技术资源拥有量L1(t)增加使得政府专项资金A33(t)增加，则资金总额变化量R3(t)增加促进了资金总额L3(t)增加；企业的外部设备使

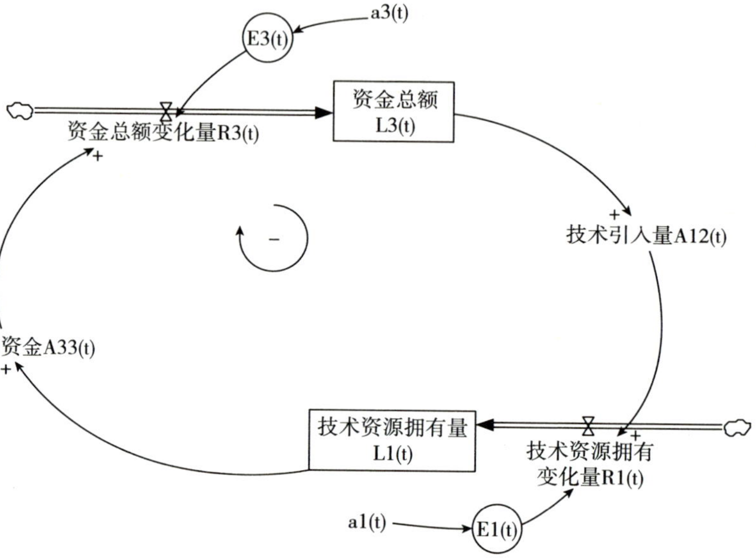

图 5－18　技术资源拥有量与资金总额相互作用的二阶正反馈环（4）

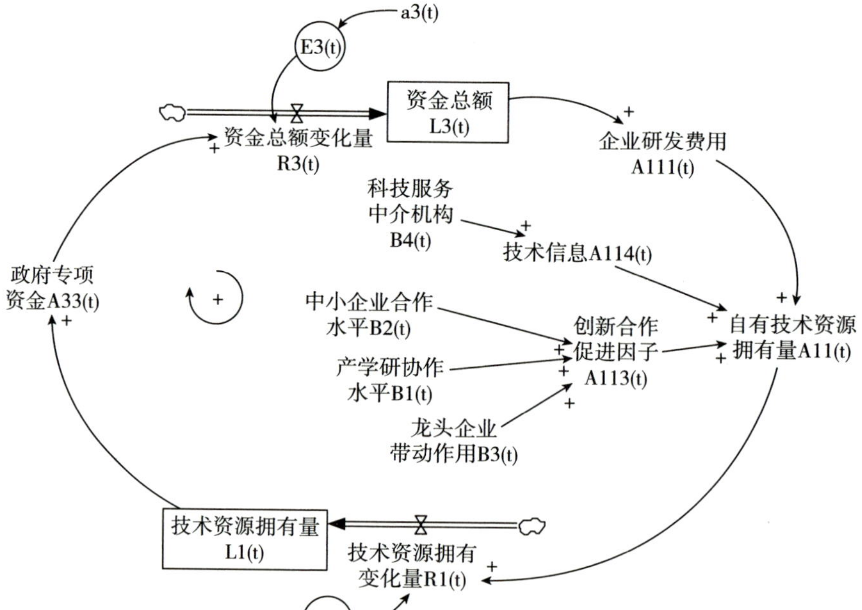

图 5－19　技术资源拥有量与资金总额相互作用的二阶正反馈环（5）

用量 A13(t) 和技术引入量 A12(t) 增加，于是技术资源拥有变化量 R1(t) 上升，技术资源拥有量 L1(t) 增加。由此形成两个技术资源拥有量与资金总额相互作用的二阶正反馈环。

（2）环内关键因果链分析。由反馈环分析可得到 1 条关键促进因果链如下：

技术资源拥有量 L1(t) $\xrightarrow{+}$ 政府专项资金 A33(t) $\xrightarrow{+}$ 资金总额变化量 R3(t)

11. 第十六条二阶反馈环分析——技术资源拥有量与市场份额相互作用的二阶正反馈环分析

（1）反馈环分析。如图 5-20 所示，技术资源拥有量 L1(t) 增加则产品的技术含量增加，产品的产品竞争力 A411(t) 增加，企业的自主开拓市场份额 A41(t) 增加，市场份额变化量 R4(t) 上升促进市场份额 L4(t) 增加，则市场需求因子 A112(t) 的影响增加，实现创新成果市场化的自有技术资源拥有量 A11(t) 增加，于是技术资源拥有变化量 R1(t) 上升，技术资源拥有量 L1(t) 增加。

（2）环内关键因果链分析。由反馈环分析可得到 2 条关键促进因果链如下：

技术资源拥有量 L1(t) $\xrightarrow{+}$ 产品竞争力 A411(t) $\xrightarrow{+}$ 自主开拓市场份额 A41(t)

市场份额 L4(t) $\xrightarrow{+}$ 市场需求因子 A112(t) $\xrightarrow{+}$ 自有技术资源拥有量 A11(t) $\xrightarrow{+}$ 技术资源拥有变化量 R1(t)

通过有效的外部合作促进技术资源的增长和市场的开拓，同时依据市场需求积极开展技术创新，拥有自有技术，提高企业的自有技术拥有量，增加产品技术含量，提升产品竞争力，提升产品市场份额是提升科技型中小企业协同创新能力的关键。

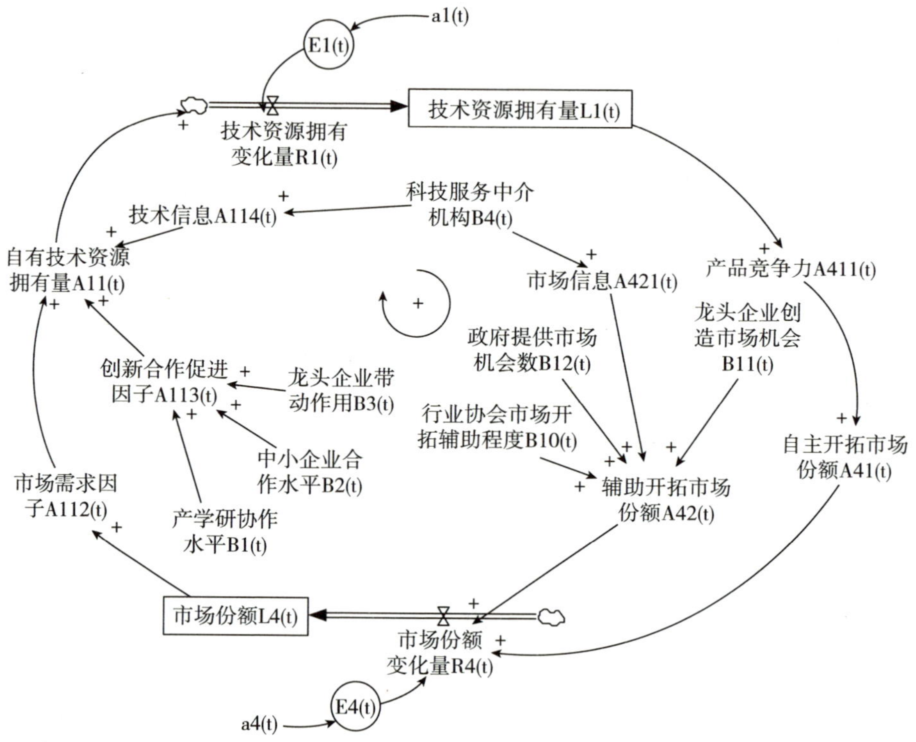

图 5-20　技术资源拥有量与市场份额相互作用的二阶正反馈环

（二）三阶反馈环分析

1. 含新增关键因果链的三阶反馈环

三阶、四阶反馈环中的关键因果链在二阶反馈环中均已揭示、阐述，此部分除新增关键因果链外不再赘述。

三阶反馈环分析——技术资源拥有量、人才数量与资金总额相互作用的三阶负反馈环分析。

（1）反馈环分析。如图5－21至图5－24所示，技术资源拥有量L1(t)增加则企业为此付出的研发成本A312(t)就增加，自有资金A31(t)减少，于是资金总额变化量R3(t)下降，因此资金总额L3(t)减少；资金总额L3(t)减少则企业能提供给员工的薪资水平A222(t)下降，人才留住比率A22(t)下降，则企业可以用来培养各类人才的企业培训费用M1(t)减少，于是稀缺专业人才培养数量A231(t)、普通技工培养数量A232(t)、实用型人才培养数量A233(t)减少，总的人才培养数量A23(t)减少，以上原因导致人才数量变化量R2(t)下降，人才数量L2(t)减少；人才数量L2(t)减少，则企业的自有技术资源拥有量A11(t)减少，技术资源拥有变化量R1(t)下降，技术资源拥有量L1(t)减少。

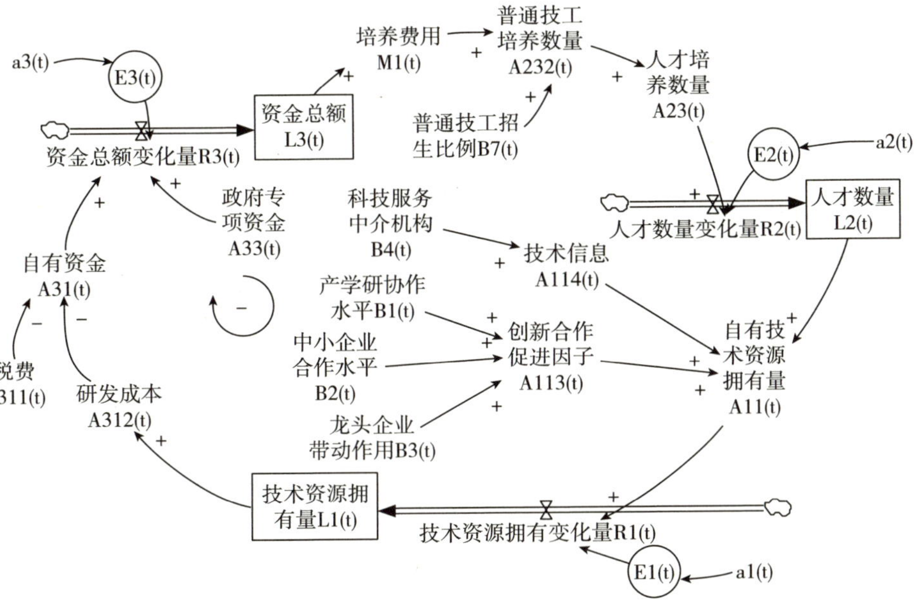

图5－21　技术资源拥有量、人才数量与资金总额相互作用的三阶负反馈环（1）

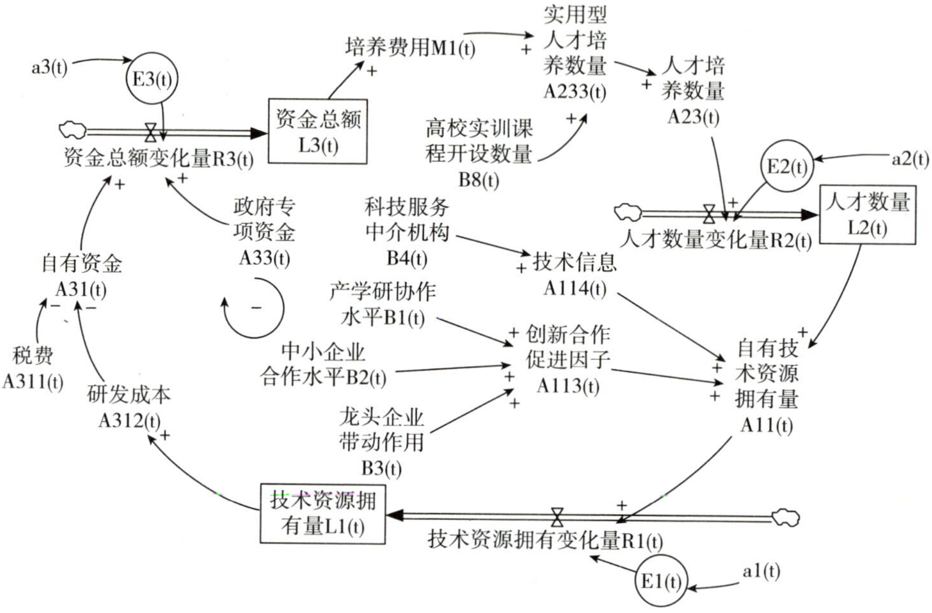

图5－22　技术资源拥有量、人才数量与资金总额相互作用的三阶负反馈环（2）

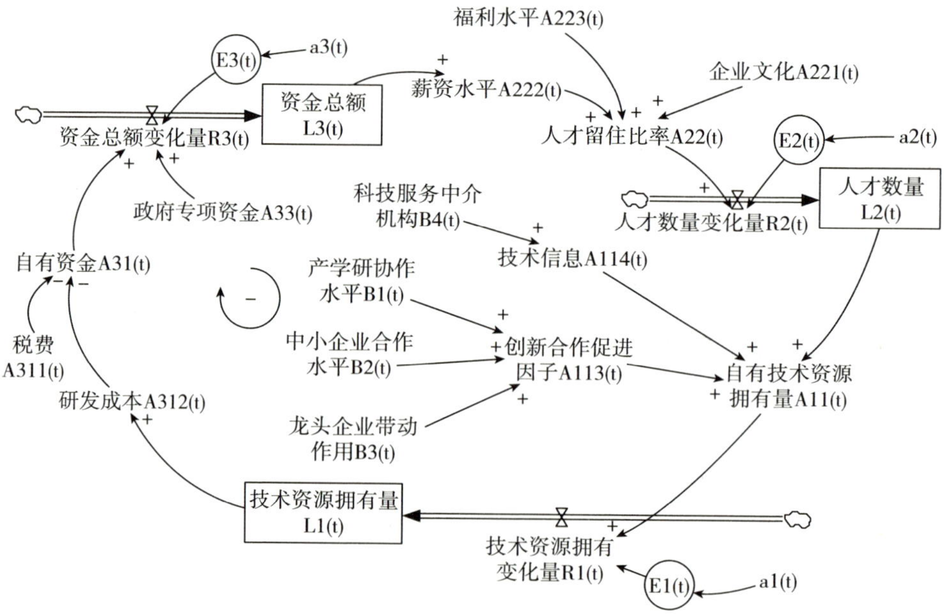

图5－23　技术资源拥有量、人才数量与资金总额相互作用的三阶负反馈环（3）

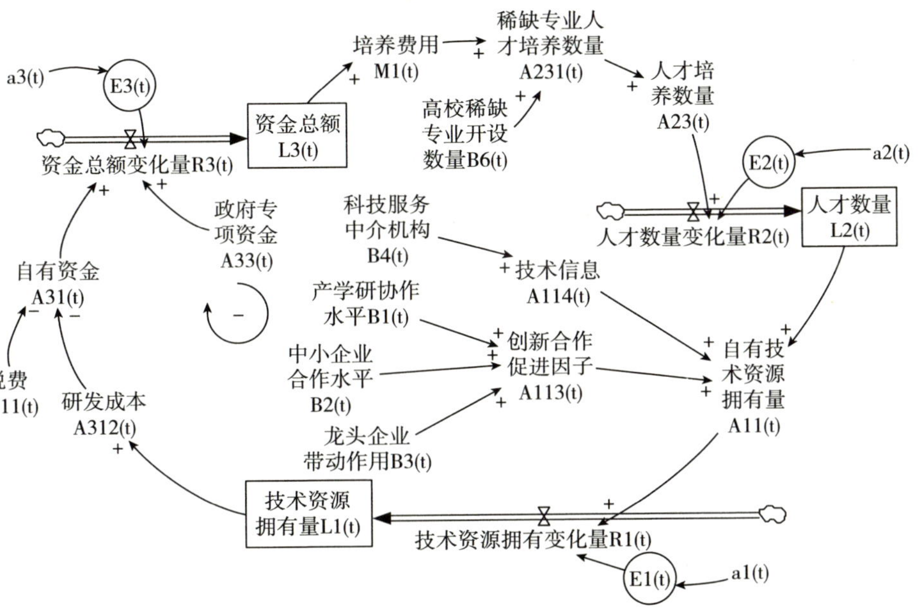

图 5-24　技术资源拥有量、人才数量与资金总额相互作用的三阶负反馈环（4）

（2）环内关键因果链分析。由反馈环分析可得到 1 条关键促进因果链如下：

人才数量 L2(t) $\xrightarrow{+}$ 自有技术资源拥有量 A11(t) $\xrightarrow{+}$ 技术资源拥有变化量 R1(t)

增加企业创新人才的数量，提升企业自有技术资源拥有量，是提升科技型中小企业协同创新能力的关键。

2. 不含新增关键因果链的三阶反馈环分析

（1）第一条三阶反馈环分析——人才数量、资金总额与市场份额相互作用的三阶负反馈环分析（1）。

1）反馈环分析。如图 5-25 所示，人才数量 L2(t) 增加使得企业人工成本 A313(t) 增加，企业自有资金 A31(t) 减少，于是资金总额变化量 R3(t) 下降，资金总额 L3(t) 减少则企业可用于市场开拓的市场开拓费用 A413(t) 减少，自主开拓市场份额 A41(t) 减少，于是市场份额变化量 R4(t) 降低，市场份额 L4(t) 降低；企业实力 A211(t) 降低，对人才的吸引力减少，人才吸引量 A21(t) 减少，人才数量变化量 R2(t) 下降，人才数量 L2(t) 减少。由此形成一个人才数量、资金总额与市场份额相互作用的三阶负反馈环。

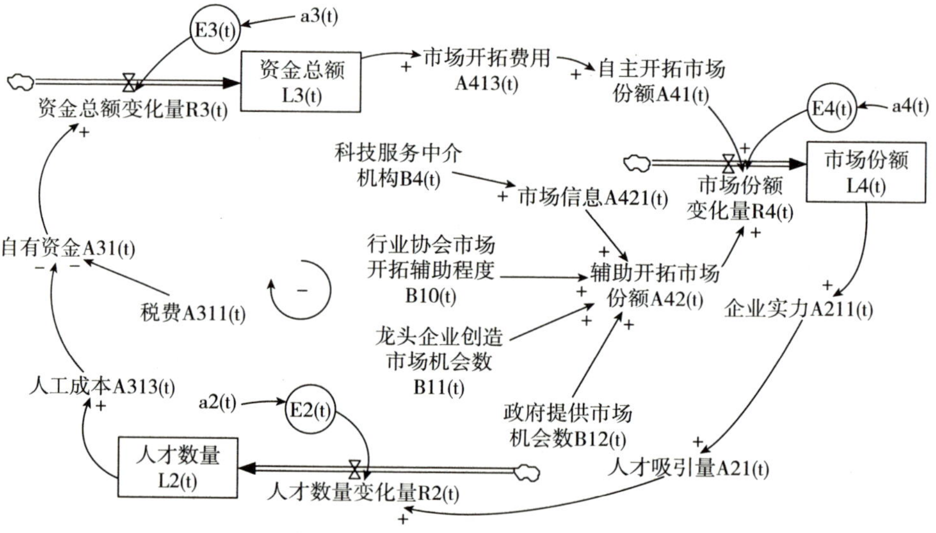

图 5 – 25　人才数量、资金总额与市场份额相互作用的三阶负反馈环（1）

2）关键因果链分析。关键因果链已在二阶反馈环中阐述，在此不再重复。

（2）第二条三阶反馈环分析——人才数量、资金总额与市场份额相互作用的三阶负反馈环分析（2）。

1）反馈环分析。如图 5 – 26 所示，市场份额 L4(t) 增加使营销成本 M2(t) 增加，则其他成本 A314(t) 增加，自有资金 A31(t) 减少，于是资金总额变化量 R3(t) 下降，因此资金总额 L3(t) 减少；资金总额 L3(t) 减少，企业就没有能力提供更好的高层次人才待遇水平 A212(t)，企业对人才的吸引力下降，人才吸引量 A21(t) 减少，于是人才数量变化量 R2(t) 下降，人才数量 L2(t) 减少；人才数量 L2(t) 减少则企业的营销人员数量 A412(t) 也减少，企业开拓市场的能力减弱则自主开拓市场份额 A41(t) 减少，于是市场份额变化量 R4(t) 下降，抑制了市场份额 L4(t) 增加。

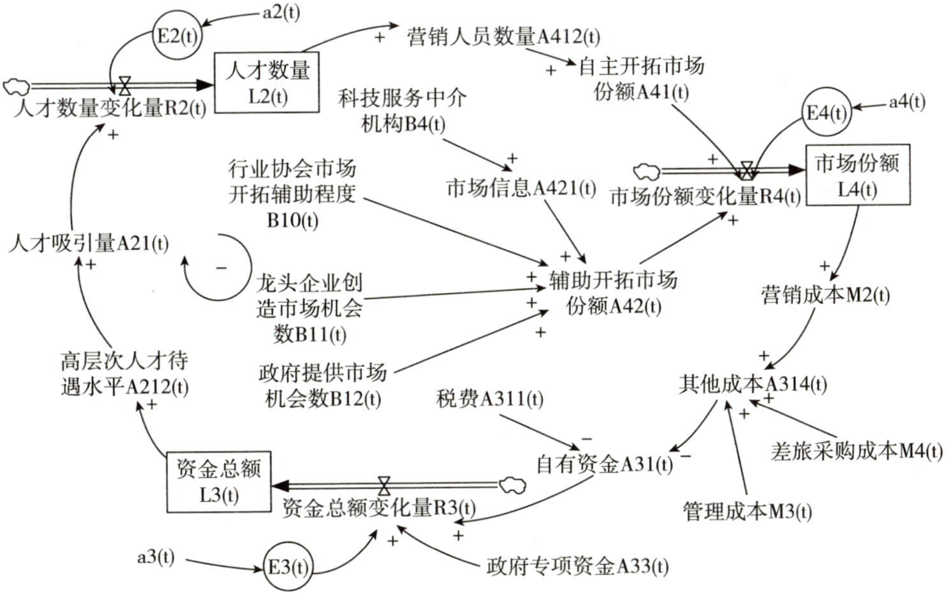

图 5－26 人才数量、资金总额与市场份额相互作用的三阶负反馈环（2）

2）关键因果链分析。关键因果链已在二阶反馈环中阐述，在此不再重复。

（3）第三条三阶反馈环分析——人才数量、资金总额与市场份额相互作用的三阶负反馈环分析（3）。

1）反馈环分析。如图5－27所示，市场份额L4(t)增加使营销成本M2(t)增加，其他成本A314(t)增加，自有资金A31(t)减少，于是资金总额变化量R3(t)下降，因此资金总额L3(t)增加；资金总额L3(t)的增加受到抑制则企业能提供给员工的薪资水平A222(t)下降，人才留住比率A22(t)下降，于是人才数量变化量R2(t)减少，人才数量L2(t)减少；人才数量L2(t)减少则代表企业的营销人员数量A412(t)减少，企业开拓市场的能力减弱，自主开拓市场份额A41(t)减少，于是市场份额变化量R4(t)下降，抑制了市场份额L4(t)增加。

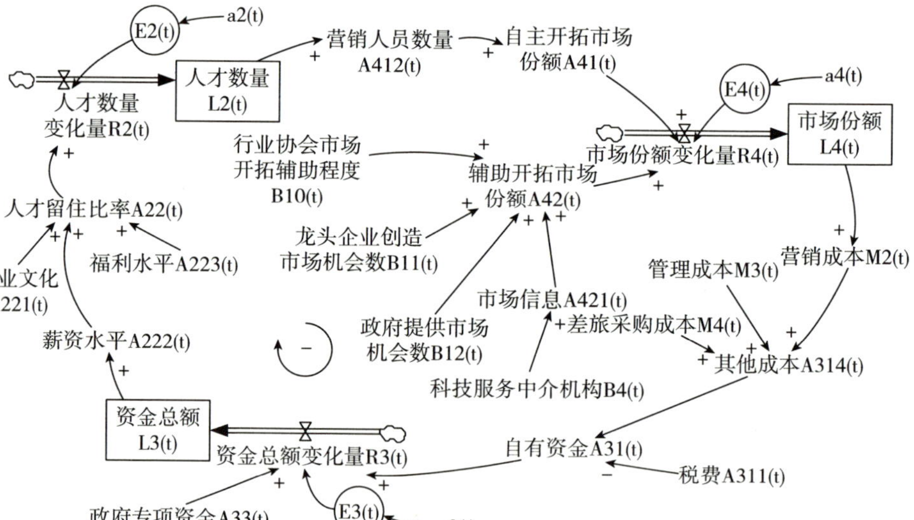

图5－27 人才数量、资金总额与市场份额相互作用的三阶负反馈环（3）

2）关键因果链分析。关键因果链已在二阶反馈环中阐述，在此不再重复。

营造具有感染力的企业文化，组织员工进行思想教育培训以及相关的团建活动来增强青年员工对企业的归属感，提高人才福利水平，出台针对人才的福利政策，帮助企业减少成本，减轻企业税费负担是提升科技型中小企业协同创新能力的关键。

（4）第四、第五、第六条三阶反馈环分析——人才数量、资金总额与市场份额相互作用的三阶负反馈环分析（4）（5）（6）。

1）反馈环分析。如图 5－28、图 5－29 和图 5－30 所示，市场份额 L4(t) 增加使营销成本 M2(t) 增加，则其他成本 A314(t) 增加，自有资金 A31(t) 减少，于是资金总额变化量 R3(t) 下降，资金总额 L3(t) 减少；资金总额 L3(t)，减少则企业用来培养各类人才的企业培训费用 M1(t) 减少，于是稀缺专业人才培养数量 A231(t)、普通技工培养数量 A232(t)、实用型人才培养

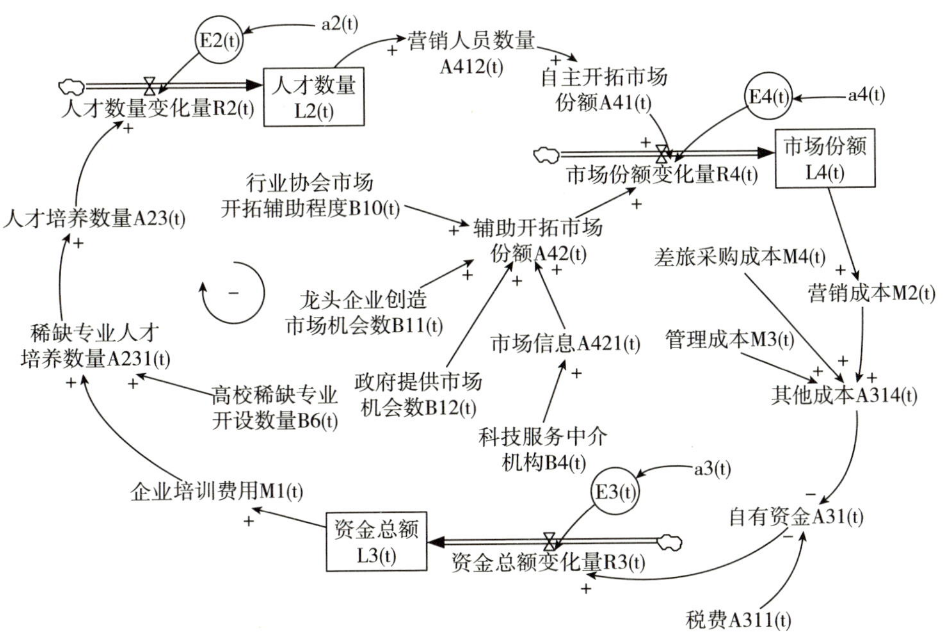

图 5－28　人才数量、资金总额与市场份额相互作用的三阶负反馈环（4）

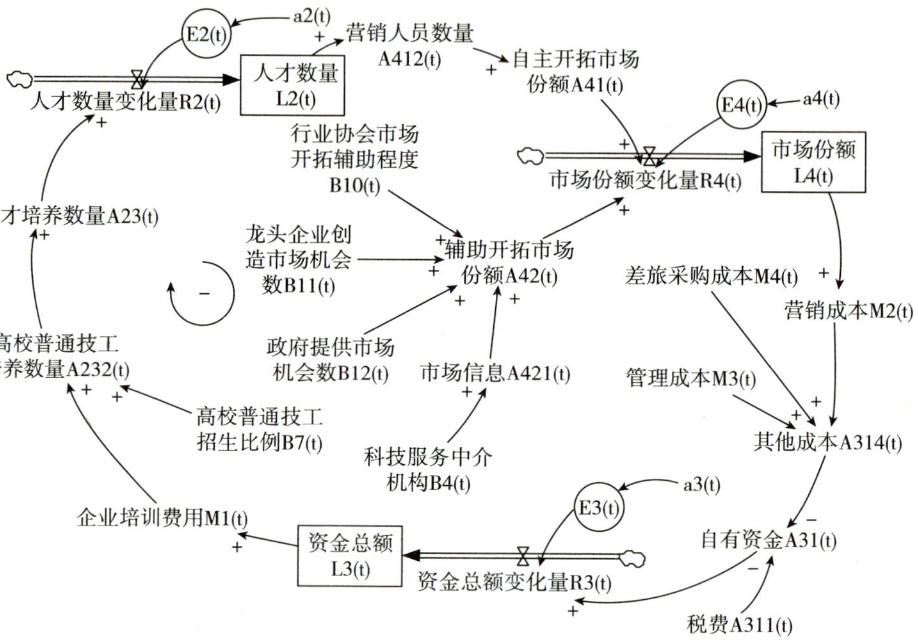

图 5 - 29　人才数量、资金总额与市场份额相互作用的三阶负反馈环（5）

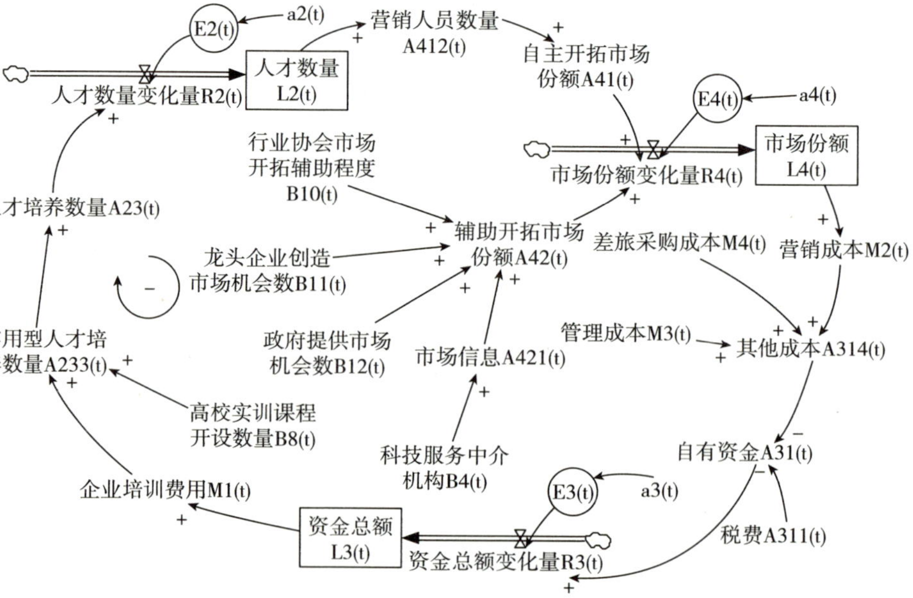

图 5 - 30　人才数量、资金总额与市场份额相互作用的三阶负反馈环（6）

数量 A233(t) 减少，总的人才培养数量 A23(t) 减少，于是人才数量变化量 R2(t) 下降，人才数量 L2(t) 减少；人才数量L2(t)减少则代表企业的营销人员数量 A412(t) 也减少，企业的市场开拓能力下降，自主开拓市场份额 A41(t) 减少，于是市场份额变化量 R4(t) 下降，抑制市场份额 L4(t) 的增加。

2）关键因果链分析。关键因果链已在二阶反馈环中阐述，在此不再重复。

（5）第七条三阶反馈环分析——人才数量、资金总额与市场份额相互作用的三阶正反馈环分析（1）。

1）反馈环分析。如图 5－31 所示，人才数量 L2(t) 增加代表企业的营销人员数量 A412(t) 也增加，企业的市场开拓能力增强，自主开拓市场份额 A41(t) 增加，于是市场份额变化量 R4(t)上升，促进市场份额 L4(t) 增加；市场份额 L4(t) 增加代表企业实力 A211(t) 上升，则银行等金融机构评定的企业信用度 B9(t) 提高，金融机构与民间资本愿意投入更多的资金来支持企业的发展，于是金融机构与民间资本融资量 A321(t) 增加，外部融资 A32(t) 增加，资金总额变化量 R3(t) 上升促进了资金总额 L3(t) 的增加；资金总额 L3(t) 增加则企业就有能力提供更好的高层次人才待遇水平 A212(t)，企业对人才的吸引力提高，人才吸引量 A21(t) 增加，于是人才数量变化量 R2(t) 上升，促进了人才数量 L2(t) 增加。

2）关键因果链分析。关键因果链已在二阶反馈环中阐述，在此不再重复。

（6）第八条三阶反馈环分析——人才数量、资金总额与市场份额相互作用的三阶正反馈环分析（2）。

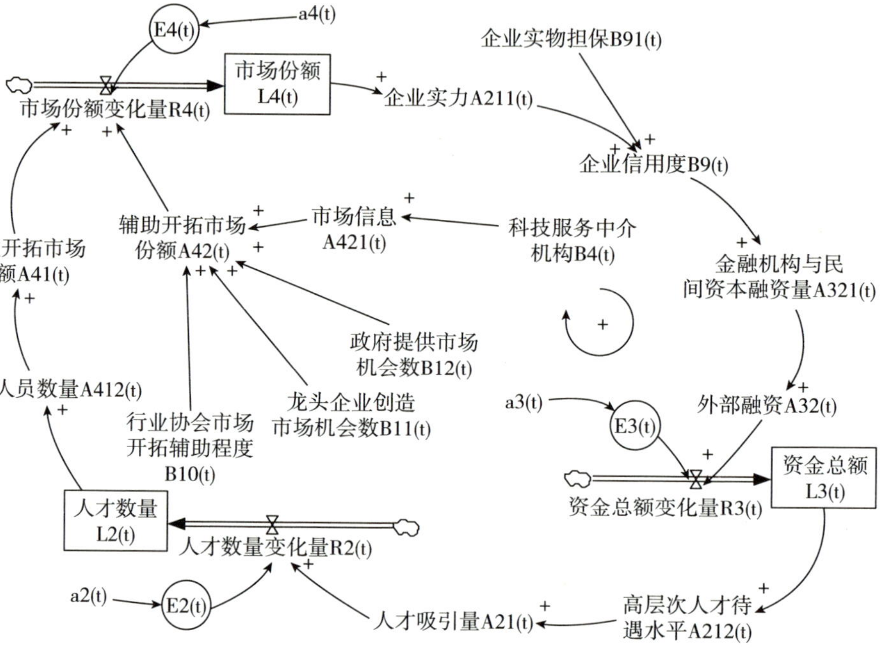

图 5－31　人才数量、资金总额与市场份额相互作用的三阶正反馈环（1）

1）反馈环分析。如图 5－32 所示，人才数量 L2(t) 增加代表企业的营销人员数量 A412(t) 增加，企业的市场开拓能力增强，自主开拓市场份额 A41(t) 增加，于是市场份额变化量 R4(t)上升，促进市场份额 L4(t) 增加；市场份额 L4(t) 增加代表企业实力 A211(t) 上升，则银行等金融机构评定的企业信用度 B9(t) 提高，金融机构与民间资本愿意投入更多的资金来支持企业的发展，于是金融机构与民间资本融资量 A321(t) 增加，外部融资 A32(t) 增加，资金总额变化量 R3(t) 上升，促进了资金总额 L3(t) 的增加；资金总额 L3(t) 增加则企业能提供给员工的薪资水平 A222(t) 上升，人才留住比率 A22(t) 增加，于是人才数量变化量 R2(t) 上升，人才数量 L2(t) 增加。

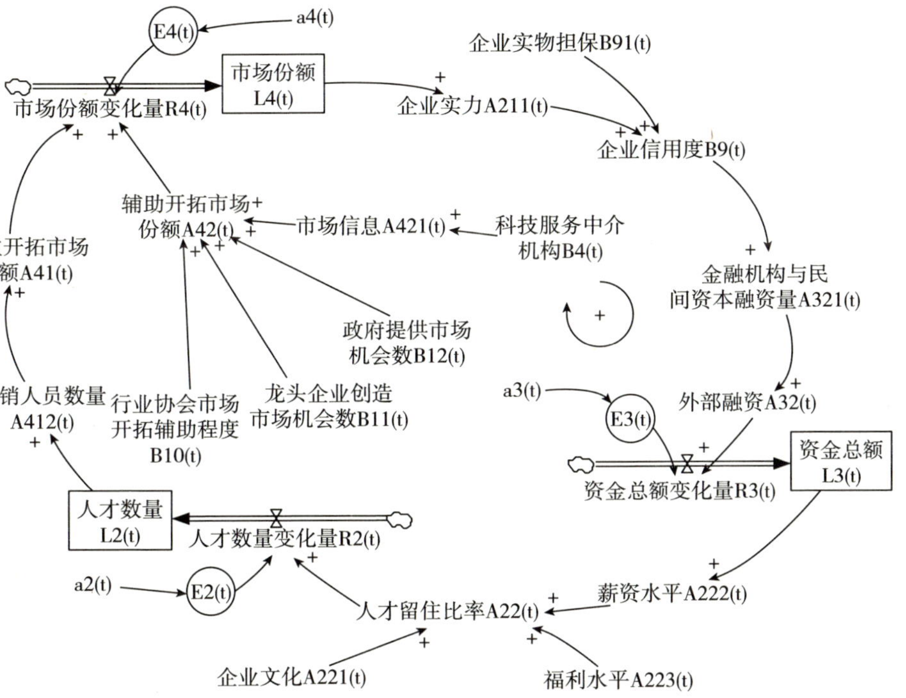

图 5－32 人才数量、资金总额与市场份额相互作用的三阶正反馈环（2）

2）关键因果链分析。关键因果链已在二阶反馈环中阐述，在此不再重复。

（7）第九、第十、第十一条三阶反馈环分析——人才数量、资金总额与市场份额相互作用的三阶正反馈环分析（3）（4）（5）。

1）反馈环分析。如图 5－33、图 5－34 和图 5－35 所示，人才数量 L2(t) 增加代表企业的营销人员数量 A412(t) 增加，企业的市场开拓能力增强，自主开拓市场份额 A41(t) 增加，于是市场份额变化量 R4(t) 上升，促进市场份额 L4(t) 增加；市场份额 L4(t) 增加代表企业实力 A211(t) 上升，则银行等金融机

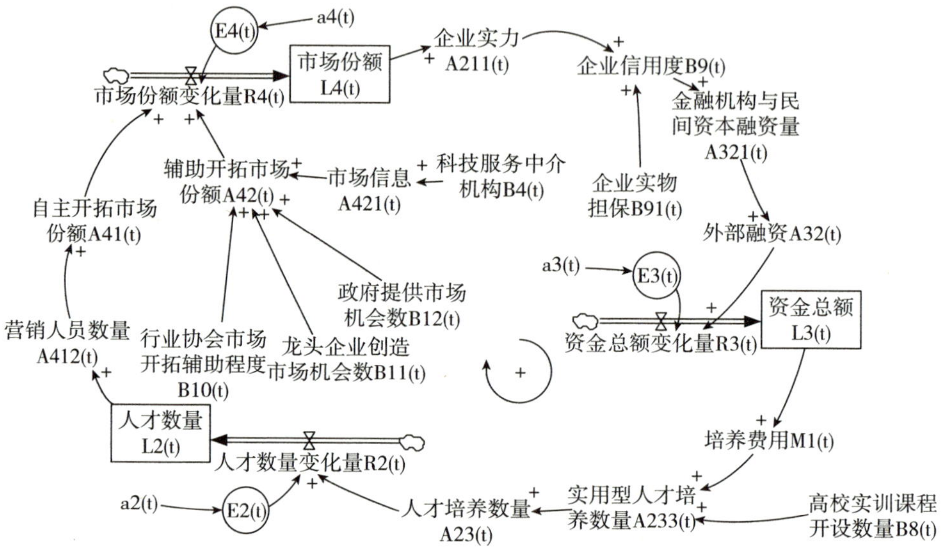

图 5－33　人才数量、资金总额与市场份额相互作用的三阶正反馈环（3）

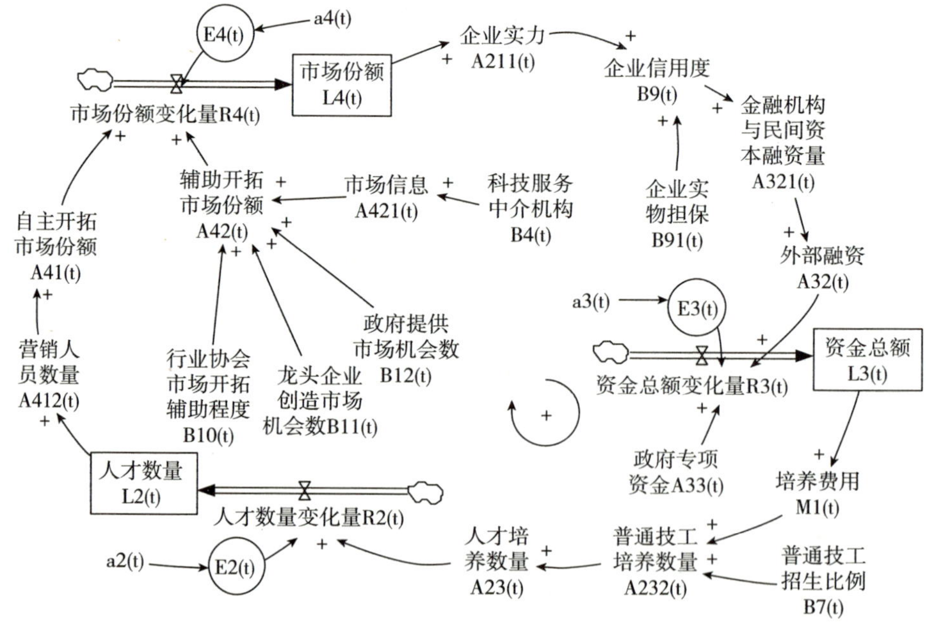

图 5－34　人才数量、资金总额与市场份额相互作用的三阶正反馈环（4）

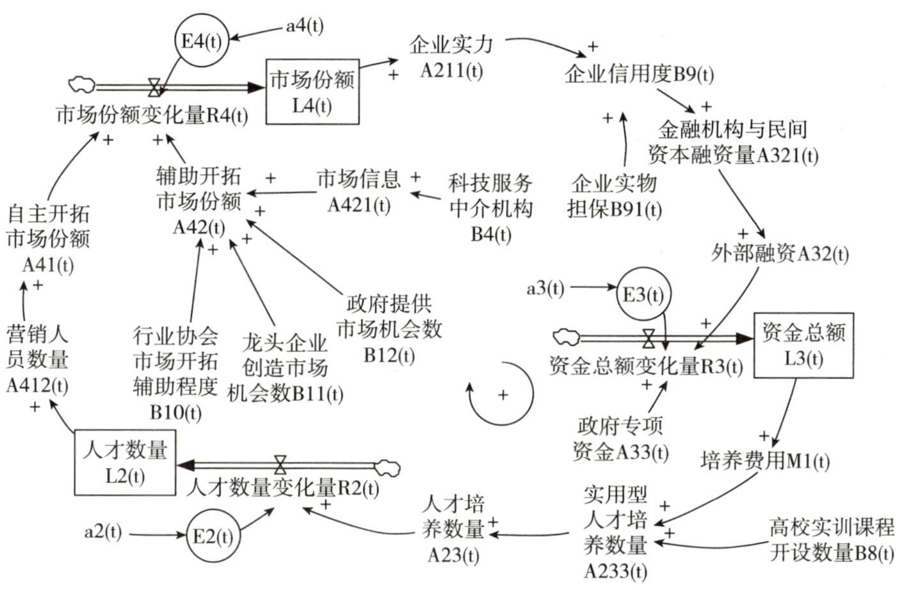

图5-35　人才数量、资金总额与市场份额相互作用的三阶正反馈环（5）

构评定的企业信用度 B9(t) 提高，金融机构与民间资本愿意投入更多的资金来支持企业的发展，于是金融机构与民间资本融资量 A321(t) 增加，外部融资 A32(t) 增加，资金总额变化量 R3(t) 上升，促进了资金总额 L3(t) 的增加；资金总额 L3(t) 增加则企业用来培养各类人才的企业培训费用 M1(t) 增加，于是稀缺专业人才培养数量 A231(t)、普通技工培养数量 A232(t)、实用型人才培养数量 A233(t) 增加，总的人才培养数量 A23(t) 增加，人才数量变化量 R2(t) 增加，人才数量 L2(t) 增加。

2）关键因果链分析。关键因果链已在二阶反馈环中阐述，在此不再重复。

（8）第十二条三阶反馈环分析——技术资源拥有量、人才数量与资金总额相互作用的三阶负反馈环分析（1）。

1）反馈环分析。如图5－36所示，技术资源拥有量L1（t）增加则企业为此付出的研发成本A312（t）就增加，自有资金A31（t）减少，于是资金总额变化量R3（t）下降，因此资金总额L3（t）减少；资金总额L3（t）减少，企业就没有充足的资金来提供更高的高层次人才待遇水平A212（t），企业对人才的吸引力下降，人才吸引量A21（t）减少，于是人才数量变化量R2（t）下降，人才数量L2（t）减少；人才数量L2（t）减少则企业的自有技术资源拥有量A11（t）减少，技术资源拥有变化量R1（t）下降，技术资源拥有量L1（t）减少。

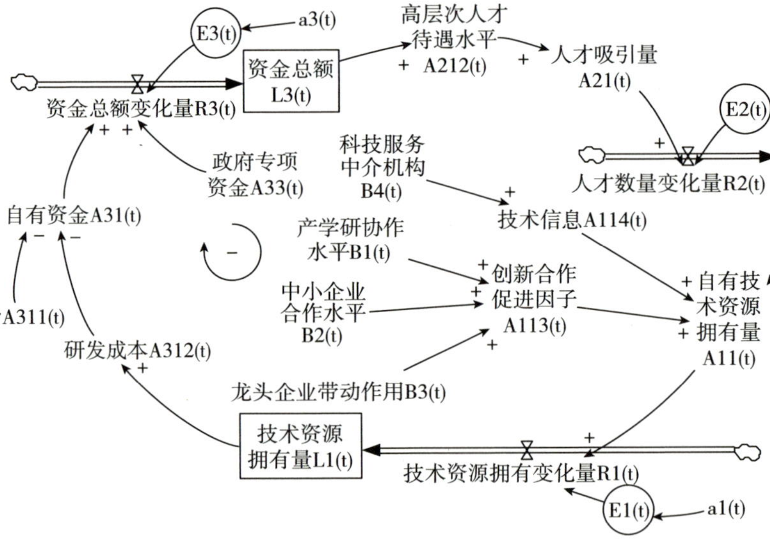

图5－36　技术资源拥有量、人才数量与资金总额相互作用的三阶负反馈环（1）

2）关键因果链分析。技术资源拥有变化量R1（t）的增加受到自有技术资源拥有量A11（t）的影响，增加技术资源拥有变化量R1（t）就加强了市场份额变化量R4（t）。由此得到此二阶反馈环的 1 条关键促进因果链如下：

人才数量 L2(t) $\xrightarrow{+}$ 自有技术资源拥有量 A11(t) $\xrightarrow{+}$ 技术资源拥有变化量 R1(t)

因此，增加企业创新人才的数量，提升企业自有技术资源拥有量是提升科技型中小企业协同创新能力的关键。

（9）第十三条三阶反馈环分析——技术资源拥有量、人才数量与资金总额相互作用的三阶负反馈环分析（2）。

1）反馈环分析。如图 5－37 所示，技术资源拥有量 L1(t) 增加，则企业为此付出的研发成本 A312(t) 增加，自有资金 A31(t) 减少，于是资金总额变化量 R3(t) 下降，因此资金总额 L3(t) 减少；资金总额 L3(t) 减少则企业能提供给员工的薪资水平 A222(t) 下降，人才留住比率 A22(t) 下降，于是人才数量

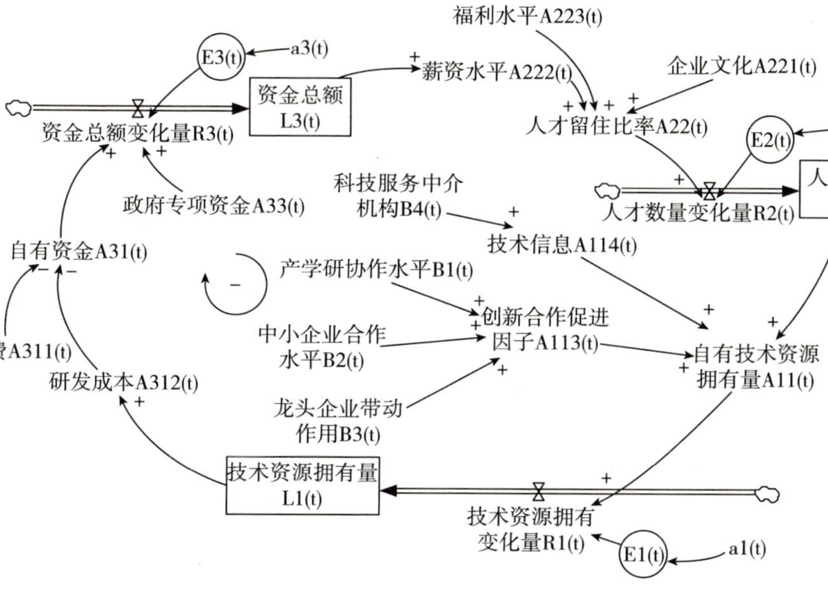

图 5－37　技术资源拥有量、人才数量与资金总额相互作用的三阶负反馈环（2）

变化量 R2(t) 下降，人才数量 L2(t) 减少；人才数量 L2(t) 减少则企业的自有技术资源拥有量 A11(t) 减少，技术资源拥有变化量 R1(t) 下降，技术资源拥有量 L1(t) 减少。

2）关键因果链分析。关键因果链已在二阶及第十三条三阶反馈环中阐述，在此不再重复。

（10）第十四、第十五、第十六条三阶反馈环分析——技术资源拥有量、人才数量与资金总额相互作用的三阶负反馈环分析（3）（4）（5）。

1）反馈环分析。如图 5－38、图 5－39 和图 5－40 所示，技术资源拥有量 L1(t) 增加，则企业为此付出的研发成本 A312(t) 增加，自有资金 A31(t) 减少，于是资金总额变化量 R3(t) 下降，因此资金总额 L3(t) 减少；资金总额 L3(t) 减少则企业可以用来培养各类人才的企业培训费用 M1(t) 减少，于是稀缺专业

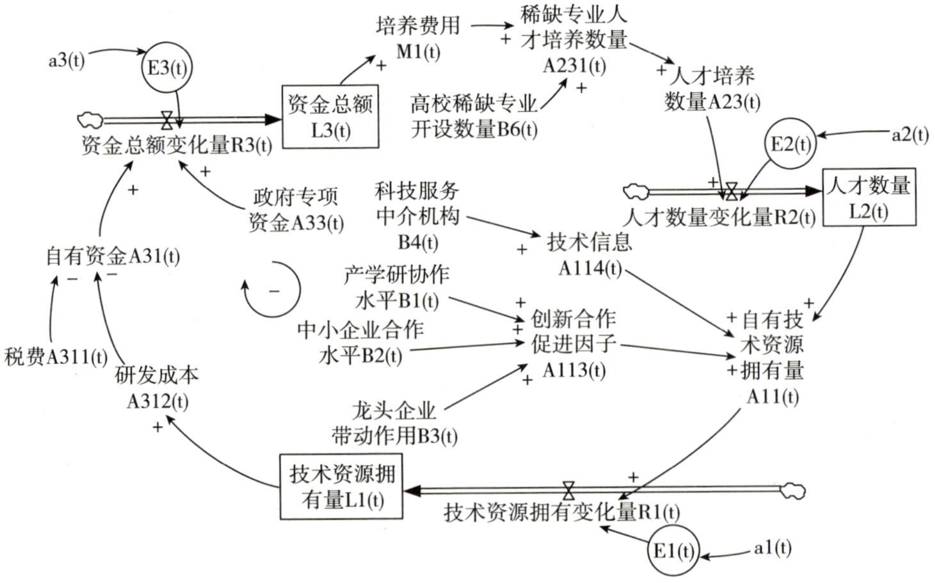

图 5－38　技术资源拥有量、人才数量与资金总额相互作用的三阶负反馈环（3）

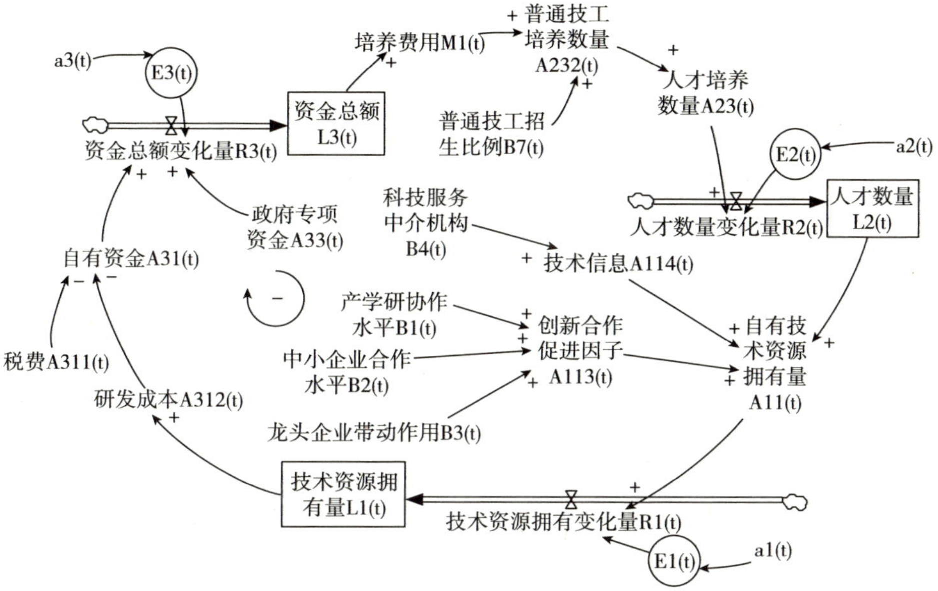

图 5－39　技术资源拥有量、人才数量与资金总额相互作用的三阶负反馈环（4）

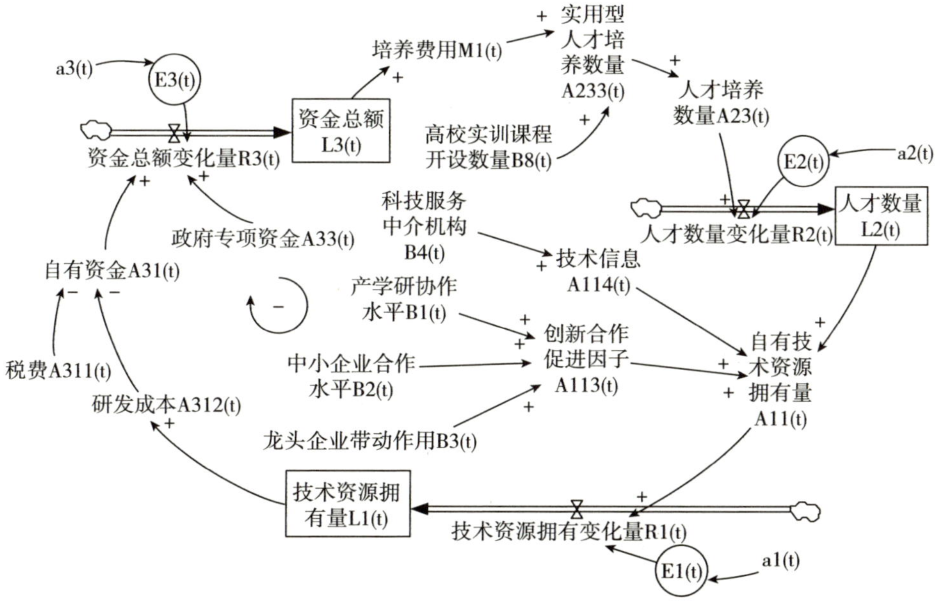

图 5－40　技术资源拥有量、人才数量与资金总额相互作用的三阶负反馈环（5）

人才培养数量A231(t)、普通技工培养数量A232(t)、实用型人才培养数量A233(t)减少，总的人才培养数量A23(t)减少，人才数量变化量R2(t)下降，人才数量L2(t)减少；人才数量L2(t)减少则企业的自有技术资源拥有量A11(t)减少，技术资源拥有变化量R1(t)下降，技术资源拥有量L1(t)减少。

2）关键因果链分析。关键因果链已在二阶及第十三条三阶反馈环中阐述，在此不再重复。

（11）第十七条三阶反馈环分析——技术资源拥有量、资金总额与市场份额相互作用的三阶负反馈环分析（1）。

1）反馈环分析。如图5-41所示，技术资源拥有量L1(t)增加则企业为此负担的研发成本A312(t)增加，自有资金A31(t)减少，于是资金总额变化量R3(t)下降，因此资金总额L3(t)减

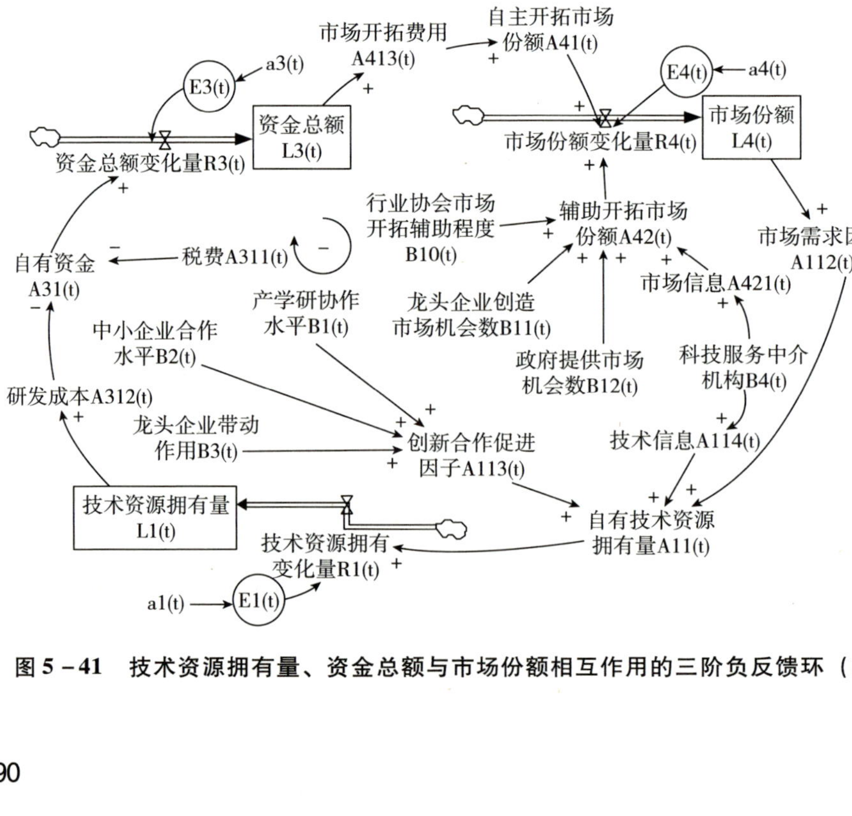

图5-41　技术资源拥有量、资金总额与市场份额相互作用的三阶负反馈环（1）

少；资金总额 L3(t) 减少则企业可用于市场开拓的市场开拓费用 A413(t) 减少，自主开拓市场份额 A41(t) 减少，市场份额变化量 R4(t) 下降则市场份额 L4(t) 减少；市场份额 L4(t) 减少则市场需求因子 A112(t) 的影响减少，为实现创新成果市场化的自有技术资源拥有量 A11(t) 减少，技术资源拥有变化量R1(t) 下降，技术资源拥有量 L1(t) 减少。

2）关键因果链分析。关键因果链已在二阶及第十三条三阶反馈环中阐述，在此不再重复。

（12）第十八条三阶反馈环分析——技术资源拥有量、资金总额与市场份额相互作用的三阶负反馈环分析（2）。

1）反馈环分析。如图 5－42 所示，市场份额 L4(t) 增加使营销成本 M2(t) 增加，则其他成本 A314(t) 增加，自有资金 A31(t) 减少，于是资金总额变化量 R3(t) 下降，因此资金总额 L3(t) 减少；资金总额 L3(t) 减少则企业容易出现资金短缺，可以用来进行产品研发的企业研发费用 A111(t) 减少，企业的技术创新能力下降，自有技术资源拥有量 A11(t) 减少，于是技术资源拥有变化量 R1(t) 减少，技术资源拥有量 L1(t) 减少；技术资源拥有量 L1(t) 减少，即企业的科技支撑减少则产品竞争力 A411(t) 下降，企业的市场开拓能力下降，自主开拓市场份额 A41(t) 减少，市场份额变化量 R4(t) 下降，市场份额 L4(t) 减少。

2）关键因果链分析。关键因果链已在二阶反馈环中阐述，在此不再重复。

（13）第十九条三阶反馈环分析——技术资源拥有量、资金总额与市场份额相互作用的三阶负反馈环分析（3）。

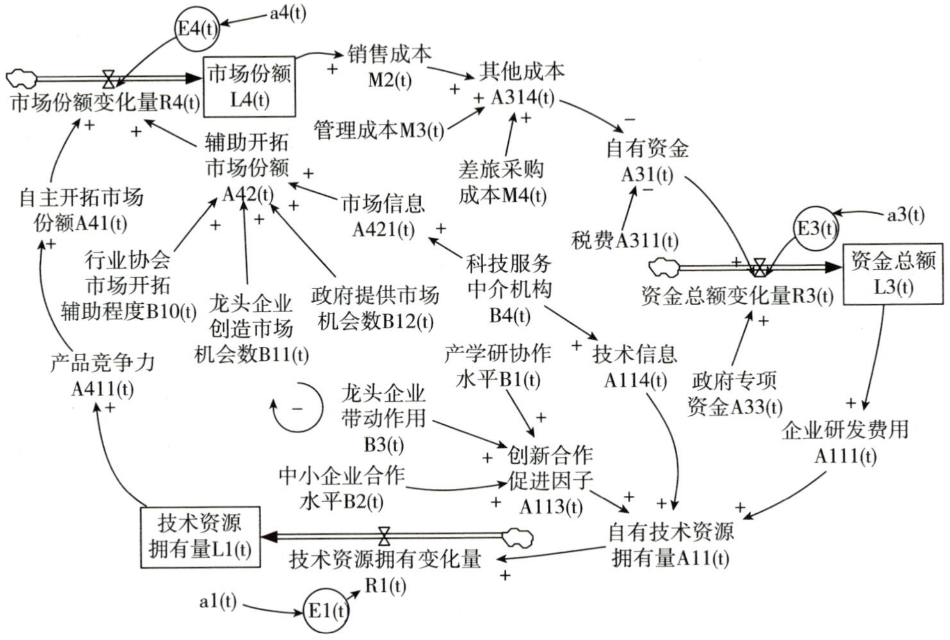

图 5-42　技术资源拥有量、资金总额与市场份额相互作用的三阶负反馈环（2）

1）反馈环分析。如图 5-43 所示，市场份额 L4(t) 增加使营销成本 M2(t) 增加，则其他成本 A314(t) 增加，自有资金 A31(t) 减少，于是资金总额变化量 R3(t) 下降，因此资金总额 L3(t) 减少；资金总额 L3(t) 减少则企业可用于引入外来技术的资金减少，技术引入量 A12(t) 减少，技术资源拥有变化量 R1(t)减少，技术资源拥有量 L1(t) 减少；技术资源拥有量 L1(t)减少，即企业的科技支撑减少，则产品竞争力 A411(t) 下降，企业的市场开拓能力下降，自主开拓市场份额 A41(t) 减少，市场份额变化量 R4(t) 下降，市场份额 L4(t) 减少。

2）关键因果链分析。关键因果链已在二阶反馈环中阐述，在此不再重复。

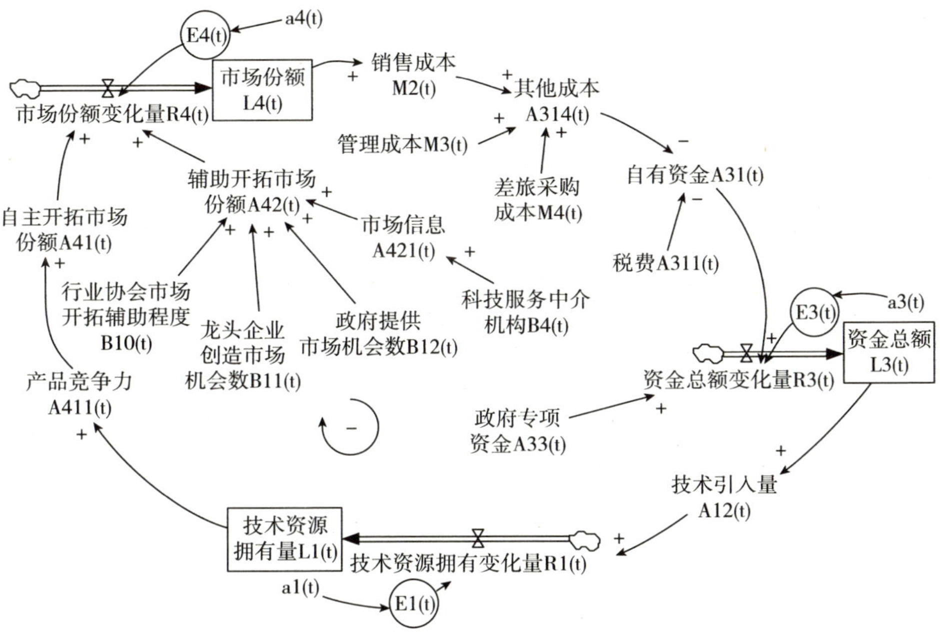

图 5－43　技术资源拥有量、资金总额与市场份额相互作用的三阶负反馈环（3）

（14）第二十条三阶反馈环分析——技术资源拥有量、资金总额与市场份额相互作用的三阶负反馈环分析（4）。

1）反馈环分析。如图 5－44 所示，市场份额 L4(t) 增加使营销成本 M2(t) 增加，则其他成本 A314(t) 增加，自有资金 A31(t) 减少，于是资金总额变化量 R3(t) 下降，因此资金总额 L3(t) 减少；资金总额 L3(t) 减少则企业可用于租借高校与科研机构的设备资金减少，外部设备使用量 A13(t) 减少，技术资源拥有变化量 R1(t) 减少，技术资源拥有量 L1(t) 下降；技术资源拥有量 L1(t) 减少，即企业的科技支撑减少，产品的创新科技含量减少，符合市场需求程度下降则产品竞争力 A411(t) 下降，企业的市场开拓能力下降，自主开拓市场份额 A41(t) 减少，市场份额变化量 R4(t) 下降，市场份额 L4(t) 减少。

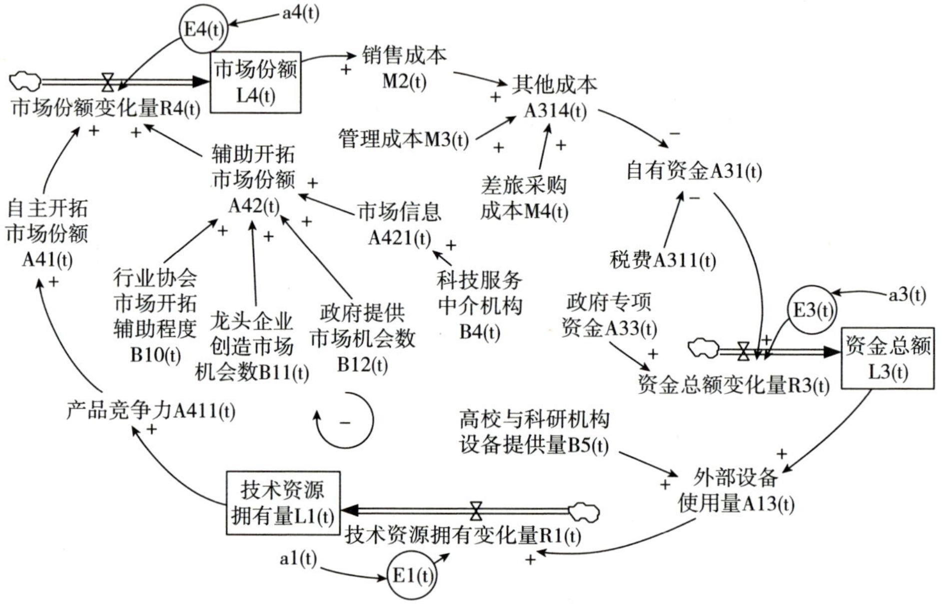

图 5-44 技术资源拥有量、资金总额与市场份额相互作用的三阶负反馈环（4）

2）关键因果链分析。关键因果链已在二阶反馈环中阐述，在此不再重复。

（15）第二十一条三阶反馈环分析——技术资源拥有量、人才数量与市场份额相互作用的三阶正反馈环分析。

1）反馈环分析。如图 5-45 所示，人才数量 L2(t) 增加则企业的技术创新能力提高，自有技术资源拥有量 A11(t) 增加，技术资源拥有变化量 R1(t) 上升，技术资源拥有量 L1(t) 增加；技术资源拥有量 L1(t) 增加，即企业的科技支撑增加，产品竞争力 A411(t) 增加则企业市场开拓能力提高，自主开拓市场份额 A41(t) 增加，市场份额变化量 R4(t) 上升，市场份额 L4(t)

增加；市场份额L4(t)增加则代表企业实力A211(t)提升，企业的影响力提高具有更好的发展前景，对人才的吸引力升高，则人才吸引量A21(t)增加，人才数量变化量R2(t)上升，促进了人才数量L2(t)增加。

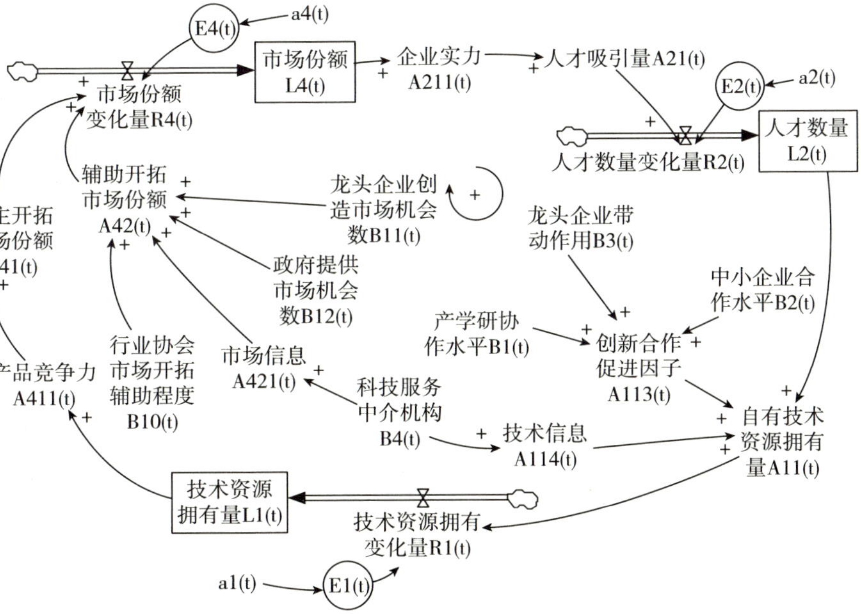

图5-45　技术资源拥有量、人才数量与市场份额相互作用的三阶正反馈环

2）关键因果链分析。关键因果链已在二阶反馈环中阐述，在此不再重复。

（16）第二十二、第二十三、第二十四条三阶反馈环分析——技术资源拥有量、资金总额与市场份额相互作用的三阶正反馈环分析（1）（2）（3）。

1）反馈环分析。如图5-46、图5-47和图5-48所示，技术资源拥有量 L1(t) 增加，即企业的科技支撑增加，产品竞争力 A411(t) 增加，则企业的自主开拓市场份额 A41(t) 增加，市场份额变化量 R4(t) 上升，市场份额 L4(t) 增加；市场份额 L4(t) 增加代表企业实力 A211(t) 上升，则银行等金融机构评定的企业信用度 B9(t) 增加，金融机构与民间资本愿意投入更多的资金来支持企业的发展，则企业的金融机构与民间资本融资量 A321(t) 增加，外部融资 A32(t) 增加，资金总额变化量 R3(t) 上升促进了资金总额 L3(t) 的增加；资金总额 L3(t) 增加则企业进行产品研发的企业研发费用 A111(t) 增加，企业自身技术创新能力提高，自有技术资源拥有量 A11(t) 增加且技术引入量 A12(t) 增加，外部设备使用量 A13(t) 增加，所以技术资源拥有变化量 R1(t) 上升，技术资源拥有量 L1(t) 增加。

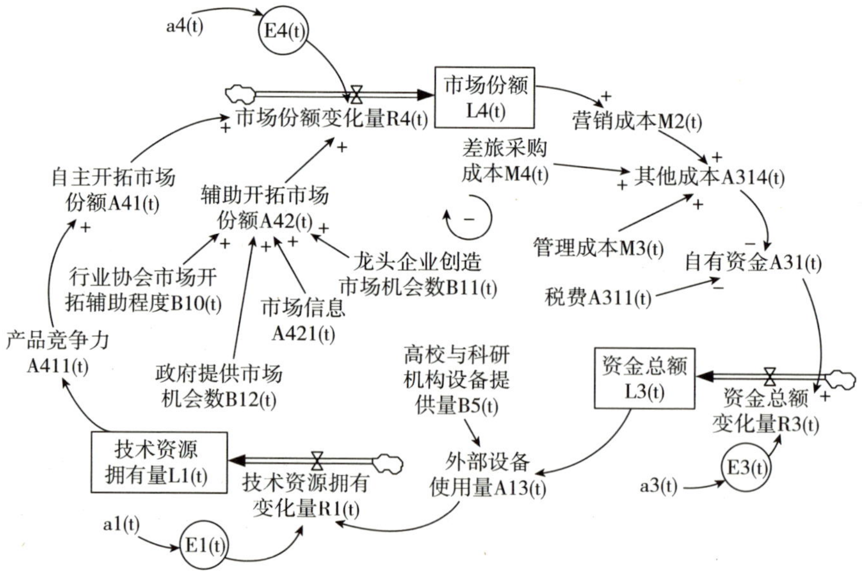

图 5-46　技术资源拥有量、资金总额与市场份额相互作用的三阶负反馈环（1）

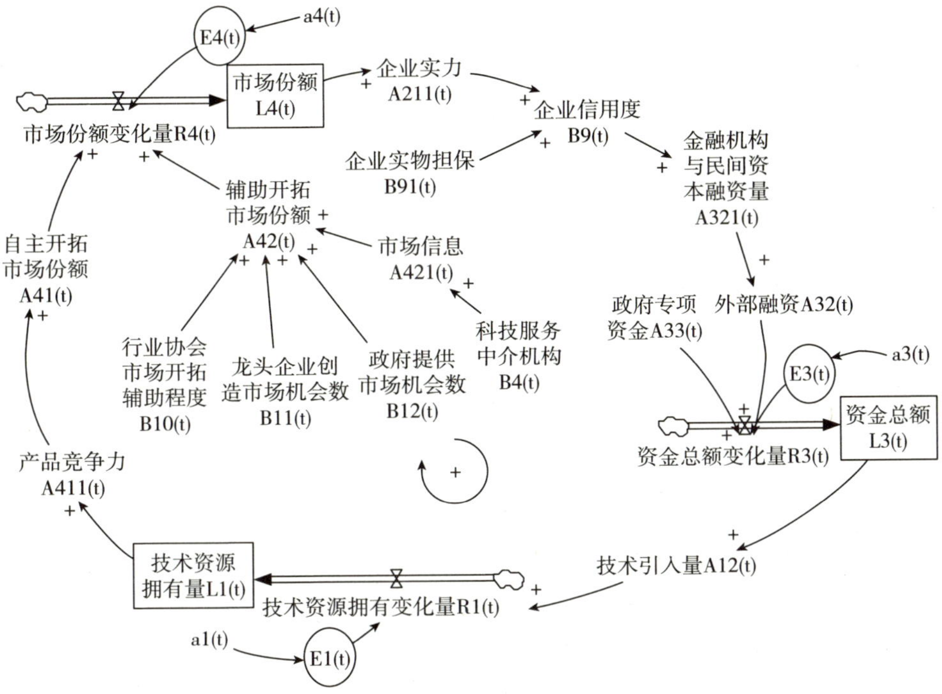

图5-47　人才数量、资金总额与市场份额相互作用的三阶正反馈环（2）

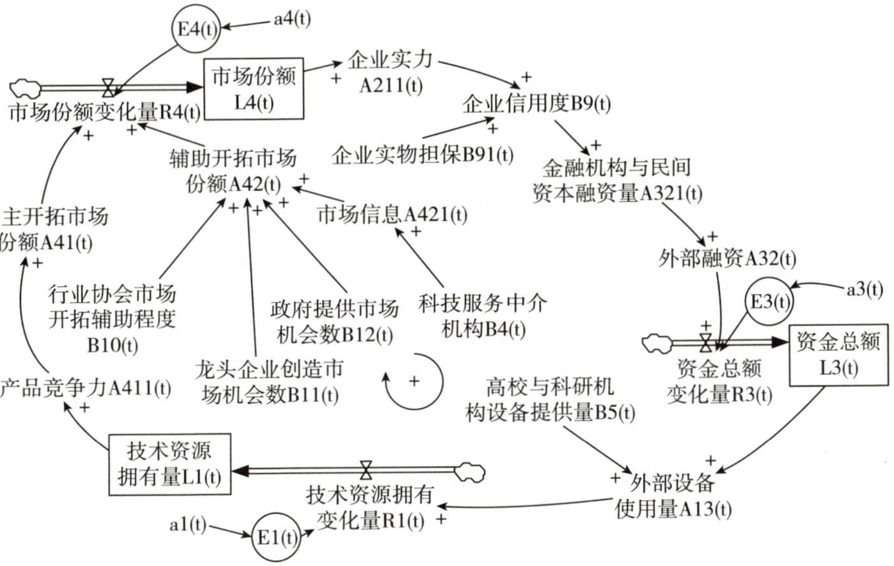

图5-48　技术资源拥有量、资金总额与市场份额相互作用的三阶正反馈环（3）

2）关键因果链分析。关键因果链已在二阶反馈环中阐述，在此不再重复。

（17）第二十五、第二十六、第二十七条三阶反馈环分析——技术资源拥有量、资金总额与人才数量相互作用的三阶正反馈环分析（1）（2）（3）。

1）反馈环分析。如图5－49、图5－50和图5－51所示，技术资源拥有量L1(t)增加，企业获得的政府专项资金A33(t)就增加，于是资金总额变化量R3(t)增加，促进了资金总额L3(t)的增长；资金总额L3(t)的增加得到促进，则企业可以用来培养各类人才的企业培训费用M1(t)增加，于是稀缺专业人才培养数量A231(t)、普通技工培养数量A232(t)、实用型人才培养数量A233(t)增加，总的人才培养数量A23(t)增加，人才数量变化量R2(t)增加，人才数量L2(t)增加；人才数量L2(t)增加

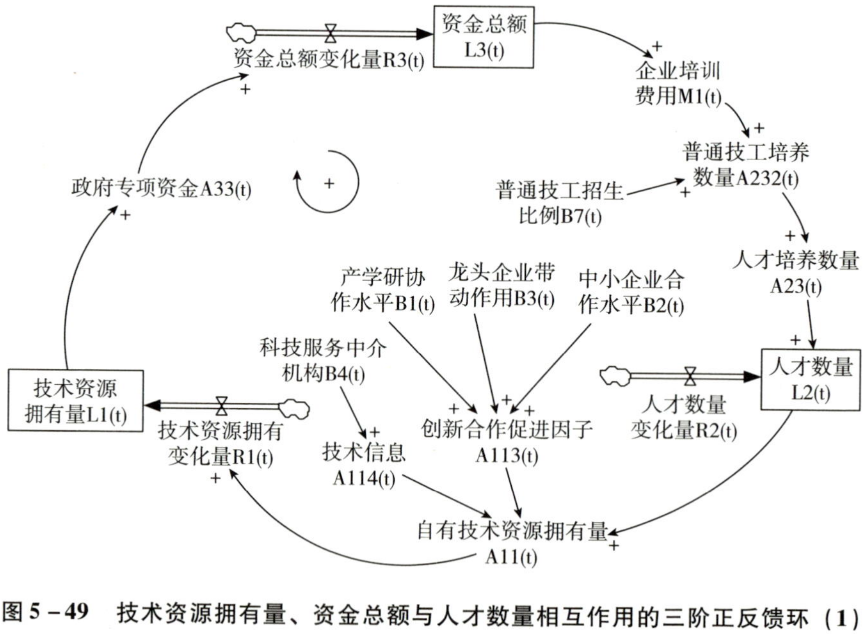

图5－49　技术资源拥有量、资金总额与人才数量相互作用的三阶正反馈环（1）

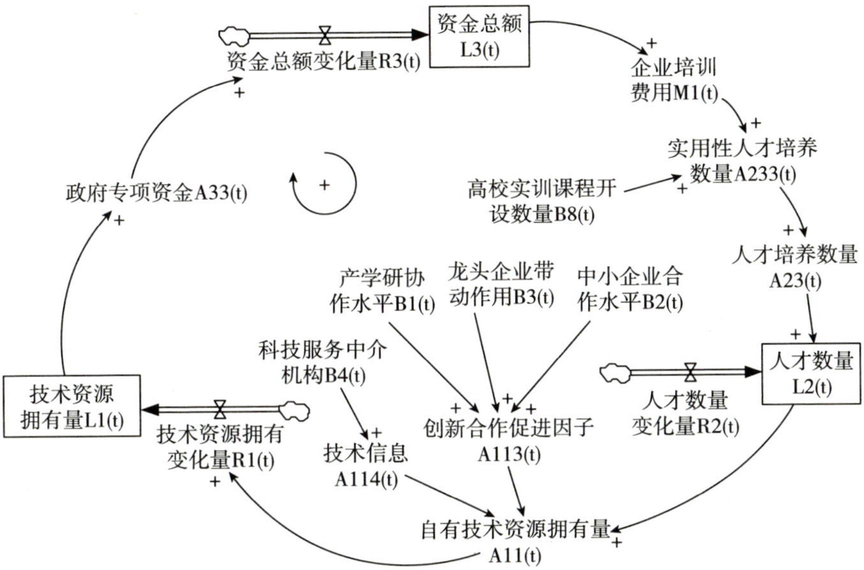

图 5-50 技术资源拥有量、资金总额与人才数量相互作用的三阶正反馈环（2）

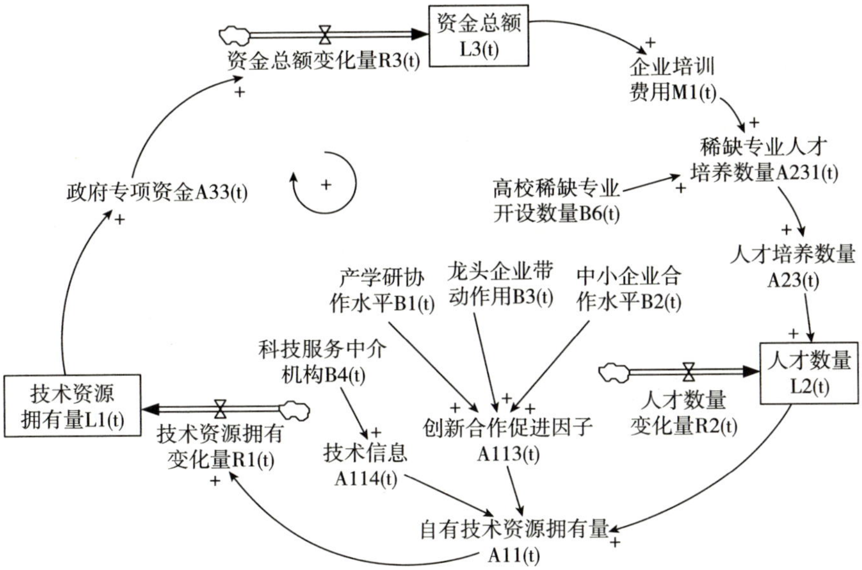

图 5-51 技术资源拥有量、资金总额与人才数量相互作用的三阶正反馈环（3）

则企业的自有技术资源拥有量 A11(t) 增加，技术资源拥有变化量 R1(t) 上升，技术资源拥有量 L1(t) 增加。

2）关键因果链分析。关键因果链已在二阶反馈环中阐述，在此不再重复。

（18）第二十八条三阶反馈环分析——技术资源拥有量、资金总额与人才数量相互作用的三阶正反馈环分析（4）。

1）反馈环分析。如图 5－52 所示，技术资源拥有量 L1(t) 增加则得到相应的政府专项资金 A33(t) 增加，于是资金总额变化量 R3(t) 上升，促进了资金总额 L3(t) 的增长；资金总额 L3(t)的增加得到促进则企业能提供给员工的薪资水平 A222(t) 上升，人才留住比率 A22(t) 上升，于是人才数量变化量 R2(t) 上升，人才数量 L2(t) 增加；人才数量 L2(t) 增加则企业的自

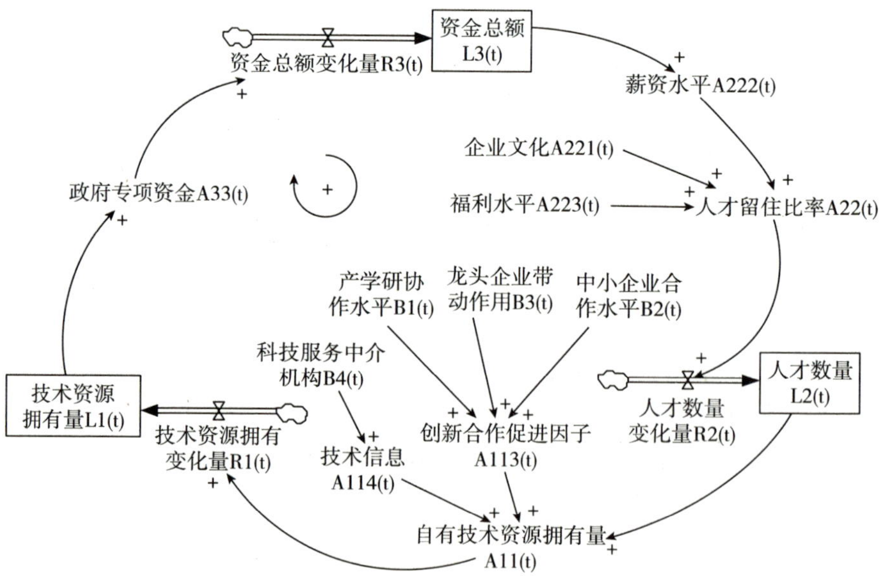

图 5－52　技术资源拥有量、资金总额与人才数量相互作用的三阶正反馈环（4）

有技术资源拥有量 A11(t) 增加，技术资源拥有变化量 R1(t) 上升，技术资源拥有量 L1(t) 增加。

2）关键因果链分析。关键因果链已在二阶反馈环中阐述，在此不再重复。

（19）第二十九条三阶反馈环分析——技术资源拥有量、资金总额与人才数量相互作用的三阶正反馈环分析（5）。

1）反馈环分析。如图 5－53 所示，技术资源拥有量 L1(t) 增加则得到相应的政府专项资金 A33(t) 增加，于是资金总额变化量 R3(t) 上升，促进了资金总额 L3(t) 的增长；资金总额 L3(t)的增加得到促进则企业有充足的资金来提供更高的高层次人才待遇水平 A212(t)，企业对人才的吸引力上升，人才吸引量 A21(t) 增加，于是人才数量变化量 R2(t) 上升，人才数量 L2(t)

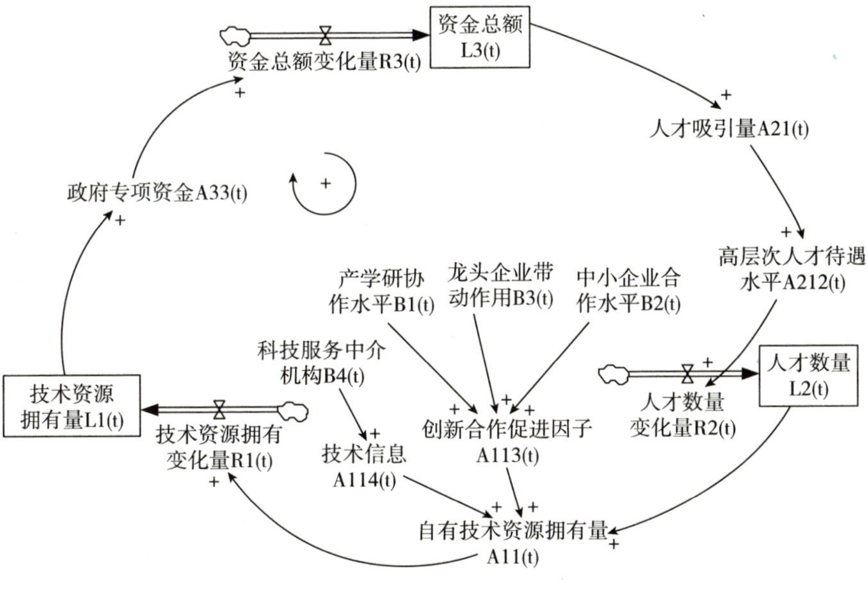

图 5－53　技术资源拥有量、资金总额与人才数量相互作用的三阶正反馈环（5）

上升；人才数量 L2(t) 增加则企业的自有技术资源拥有量A11(t) 增加，技术资源拥有变化量 R1(t) 上升，技术资源拥有量 L1(t) 增加。

2）关键因果链分析。关键因果链已在二阶反馈环中阐述，在此不再重复。

（三）四阶反馈环分析

四阶反馈环中的关键因果链在二阶和三阶反馈环中均已揭示、阐述，此部分不再赘述，只表述和分析四阶反馈环中的反馈关系。

1. 第一条四阶反馈环分析——人才数量、技术资源拥有量、资金总额与市场份额相互作用的四阶负反馈环分析（1）

如图 5-54 所示，技术资源拥有量 L1(t) 增加，则企业为此付出的研发成本 A312(t) 增加，自有资金 A31(t) 减少，于是资金总额变化量 R3(t) 下降，抑制了资金总额 L3(t) 的增长；资金总额 L3(t) 的增加受到抑制则企业可用于市场开拓的市场开拓费用 A413(t) 减少，自主开拓市场份额 A41(t) 减少，于是市场份额变化量 R4(t) 降低，抑制了市场份额 L4(t) 的增长；市场份额 L4(t) 增加受到抑制则企业实力 A211(t) 下降，对人才的吸引力减少，人才吸引量 A21(t) 减少，于是人才数量变化量 R2(t)下降，抑制了人才数量 L2(t) 增加；人才数量 L2(t) 增加受到抑制则自有技术资源拥有量 A11(t) 减少，技术资源拥有变化量 R1(t) 下降，技术资源拥有量 L1(t) 减少。

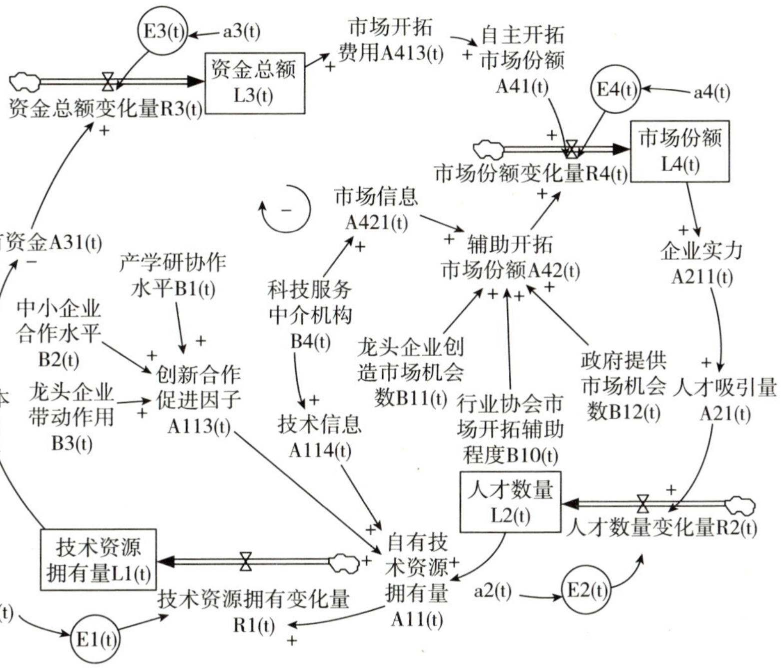

图 5－54　人才数量、技术资源拥有量、资金总额与市场份额相互作用的四阶负反馈环（1）

2. 第二条四阶反馈环分析——人才数量、技术资源拥有量、资金总额与市场份额相互作用的四阶负反馈环分析（2）

如图 5－55 所示，技术资源拥有量 L1(t) 增加，则企业为此付出的研发成本 A312(t) 增加，自有资金 A31(t) 减少，于是资金总额变化量 R3(t) 下降，抑制了资金总额 L3(t) 的增长；资金总额 L3(t) 的增加受到抑制，则企业没有能力提供更好的高层次人才待遇水平 A212(t)，企业对人才的吸引力下降，人才吸引量 A21(t) 减少，于是人才数量变化量 R2(t) 下降，人才数量 L2(t) 减少；人才数量 L2(t) 减少则代表营销人员数量 A412(t) 也减少，企业的市场开拓能力下降，自主开拓市场份额 A41(t)

减少，于是市场份额变化量 R4(t) 下降，抑制市场份额 L4(t) 的增加；市场份额 L4(t) 增加受到抑制则市场需求因子 A112(t) 的影响减少，实现创新成果市场化的自有技术资源拥有量A11(t) 减少，于是技术资源拥有变化量 R1(t) 下降，技术资源拥有量 L1(t) 减少。

3. 第三条四阶反馈环分析——人才数量、技术资源拥有量、资金总额与市场份额相互作用的四阶负反馈环分析 (3)

如图 5－56 所示，技术资源拥有量 L1(t) 增加，则企业为此付出的研发成本 A312(t) 增加，自有资金 A31(t) 减少，于是资金总额变化量 R3(t) 下降，抑制了资金总额 L3(t) 的增长；资金总额 L3(t) 的增加受到抑制则企业能提供给员工的薪资水平 A222(t) 下降，企业留住人才的能力下降，人才留住比率 A22(t) 减少，于是人才数量变化量 R2(t) 下降，人才数量 L2(t) 下降；人才数量 L2(t) 减少则代表营销人员数量 A412(t) 也减少，企业的市场开拓能力由于缺乏专业人才而降低则自主开拓市场份额 A41(t) 减少，市场份额变化量 R4(t) 下降抑制市场份额 L4(t) 的增加；市场份额 L4(t) 增加受到抑制则市场需求因子 A112(t) 的影响减少，实现创新成果市场化的自有技术资源拥有量A11(t) 减少，于是技术资源拥有变化量 R1(t) 下降，技术资源拥有量 L1(t) 减少。

4. 第四、第五、第六条四阶反馈环分析——人才数量、技术资源拥有量、资金总额与市场份额相互作用的四阶负反馈环分析 (4) (5) (6)

如图 5－57、图 5－58 和图 5－59 所示，技术资源拥有量 L1(t)增加，则企业为此付出的研发成本 A312(t) 增加，自有资金 A31(t) 减少，于是资金总额变化量 R3(t) 下降，抑制了资金

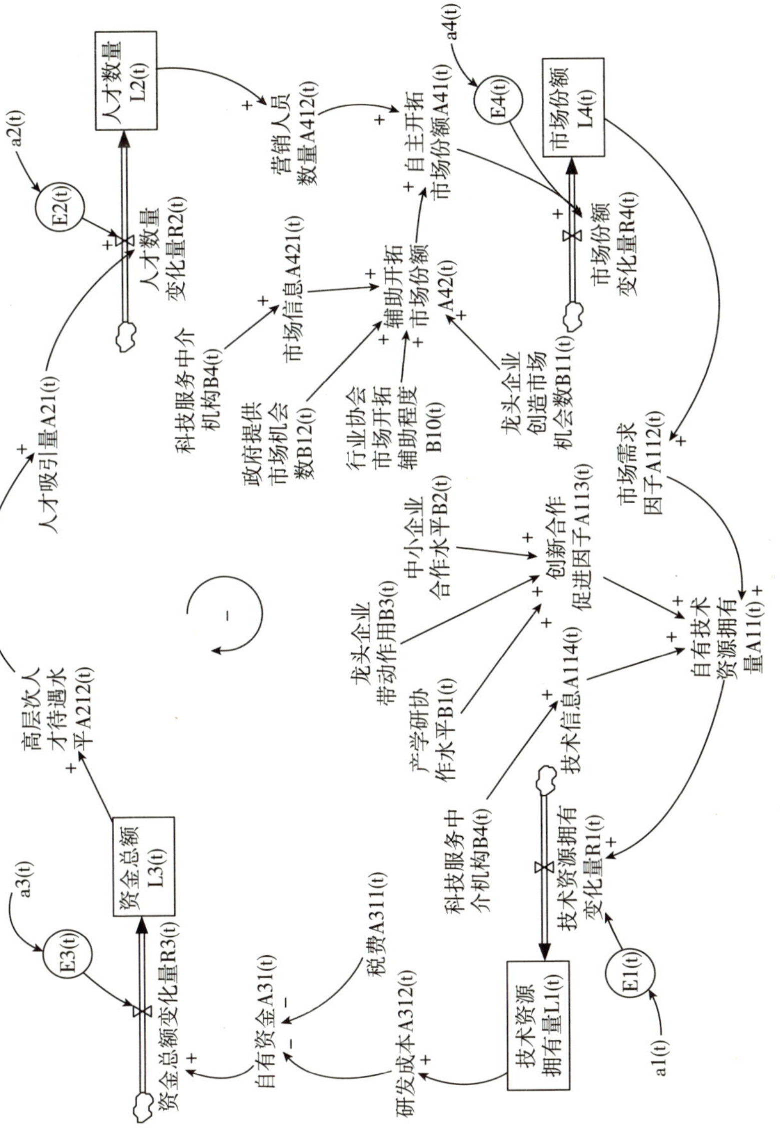

图 5－55　人才数量、技术资源拥有量、资金总额与市场份额相互作用的四阶负反馈环（2）

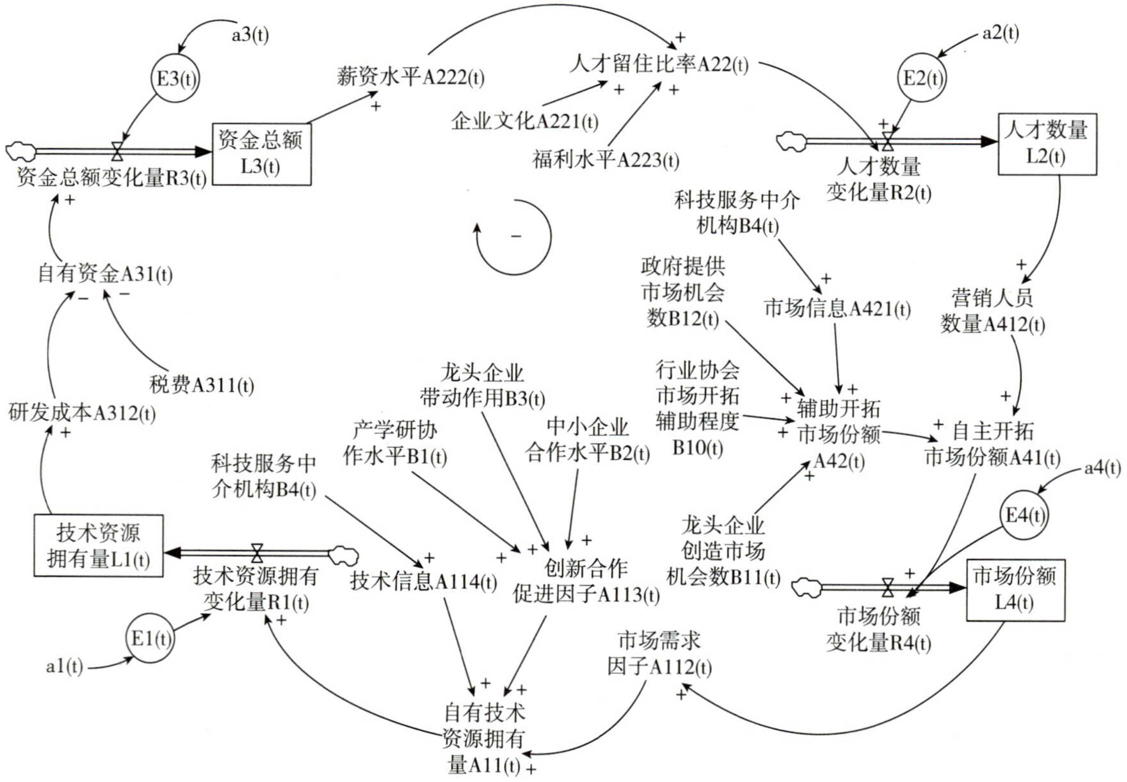

图 5－56　人才数量、技术资源拥有量、资金总额与市场份额相互作用的四阶负反馈环（3）

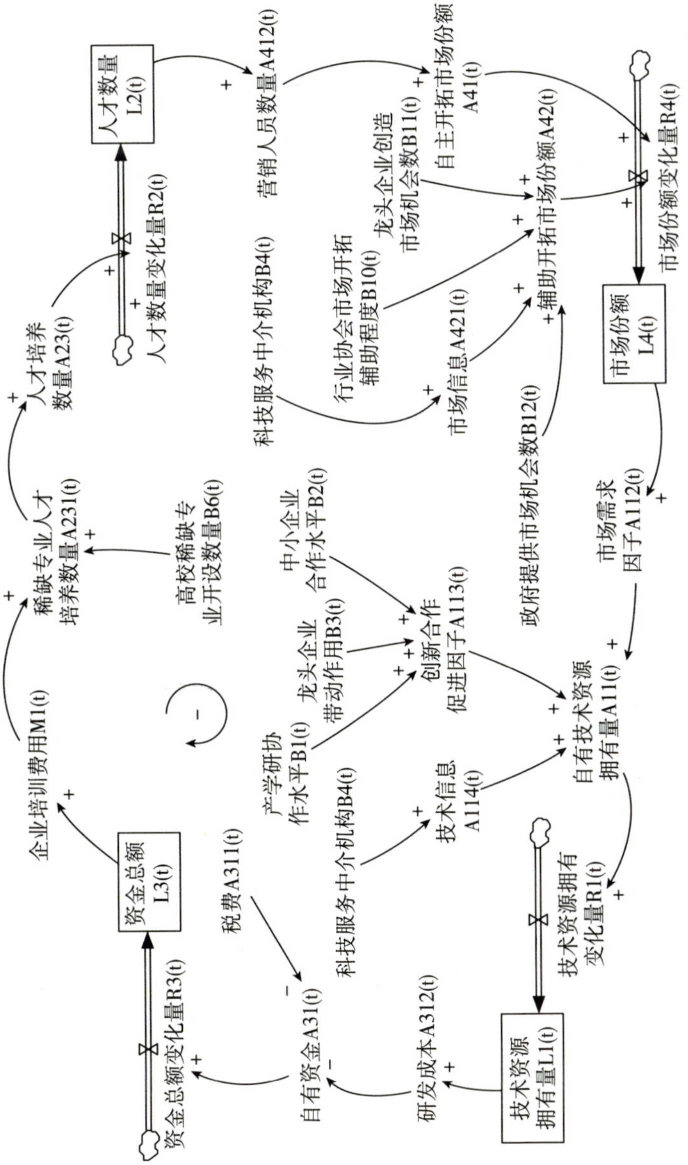

图5-57　人才数量、技术资源拥有量、资金总额与市场份额相互作用的四阶负反馈环（4）

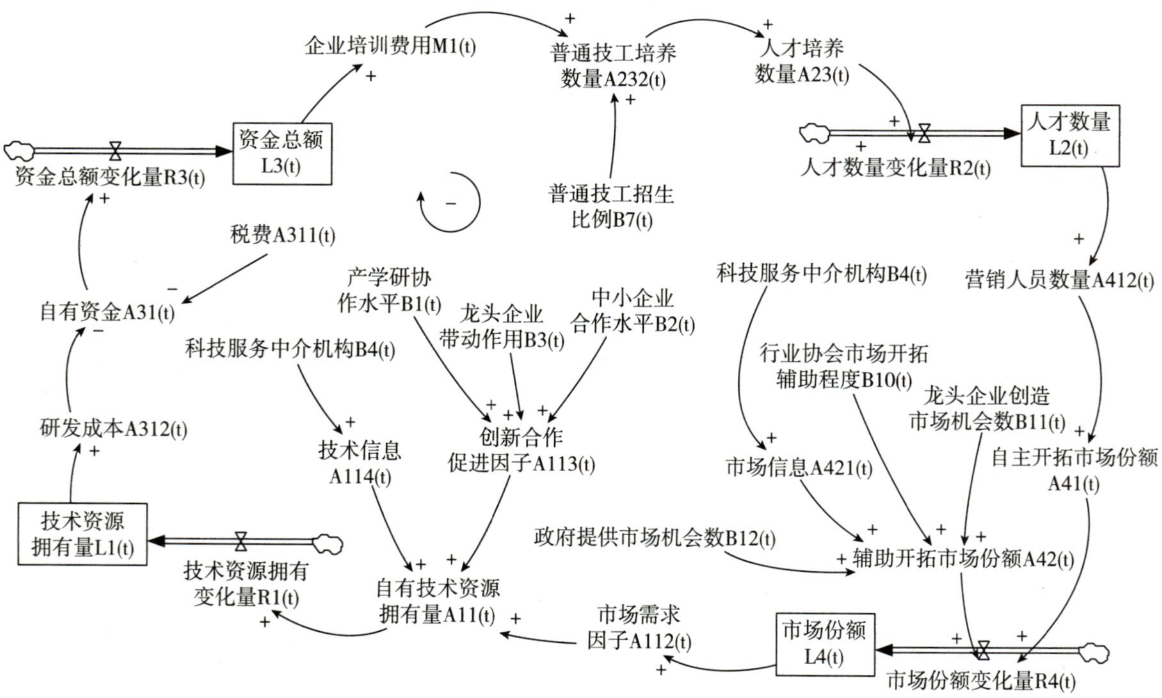

图5-58　人才数量、技术资源拥有量、资金总额与市场份额相互作用的四阶负反馈环（5）

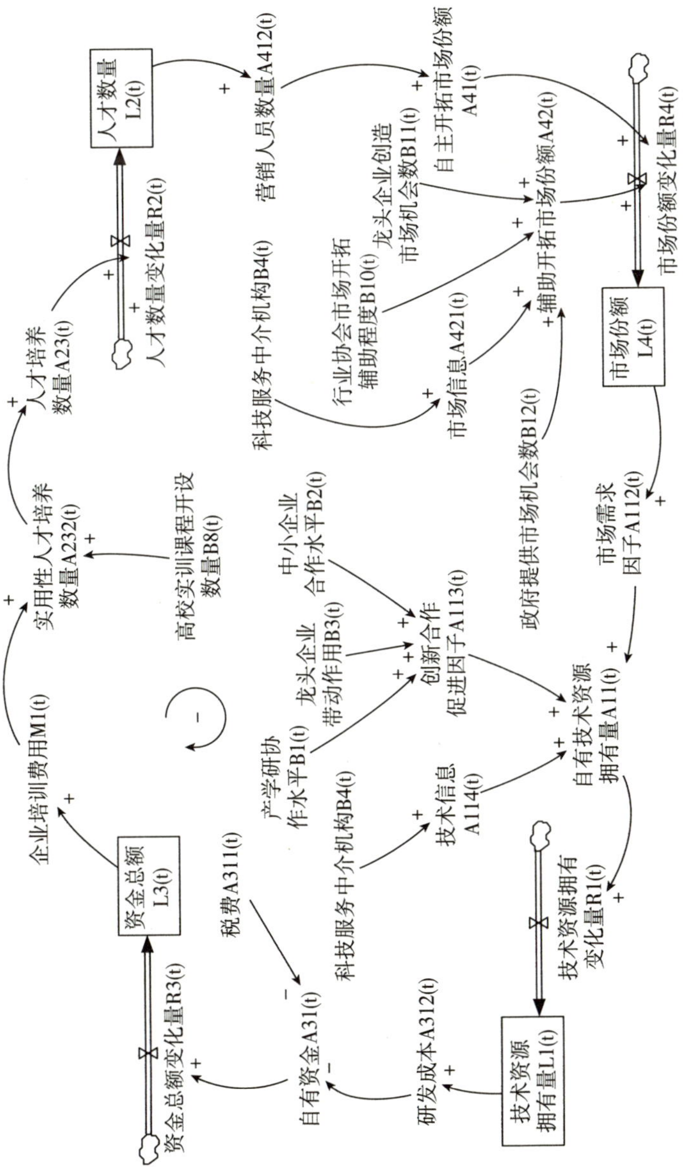

图5-59　人才数量、技术资源拥有量、资金总额与市场份额相互作用的四阶负反馈环（6）

总额 L3(t) 的增长；资金总额 L3(t) 的增加受到抑制，则企业用来培养各类人才的企业培训费用 M1(t) 减少，稀缺专业人才培养数量 A231(t)、普通技工培养数量 A232(t)、实用型人才培养数量 A233(t) 减少，总的人才培养数量 A23(t) 减少，于是人才数量变化量 R2(t) 下降，人才数量 L2(t) 减少；人才数量 L2(t)减少则代表企业的营销人员数量 A412(t) 也减少，企业的市场开拓能力因专业人才不足而下降，所以自主开拓市场份额 A41(t) 减少，市场份额变化量 R4(t) 下降抑制了市场份额 L4(t)的增加；市场份额 L4(t) 增加受到抑制则市场需求因子 A112(t) 的影响减少，实现创新成果市场化的自有技术资源拥有量 A11(t) 减少，于是技术资源拥有变化量 R1(t) 下降，技术资源拥有量L1(t)减少。

5. 第七条四阶反馈环分析——人才数量、技术资源拥有量、资金总额与市场份额相互作用的四阶负反馈环分析（7）

如图 5－60 所示，市场份额 L4(t) 增加使营销成本 M2(t) 增加，则其他成本 A314(t) 增加，自有资金 A31(t) 减少，于是资金总额变化量 R3(t) 下降，抑制了资金总额 L3(t) 的增加；资金总额 L3(t) 的增加受到抑制，则企业没有能力提供更好的高层次人才待遇水平 A212(t)，企业对人才的吸引力下降，人才吸引量 A21(t) 减少，于是人才数量变化量 R2(t) 下降，人才数量 L2(t) 减少；人才数量 L2(t) 减少则企业的技术创新能力由于缺乏人才而下降，于是自有技术资源拥有量 A11(t) 减少，技术资源拥有变化量 R1(t) 下降，技术资源拥有量 L1(t) 减少；技术资源拥有量 L1(t) 减少，即企业的科技支撑减少，产品竞争力 A411(t) 下降则企业的自主开拓市场份额 A41(t) 减少，市场份额变化量 R4(t) 下降，市场份额 L4(t) 减少。

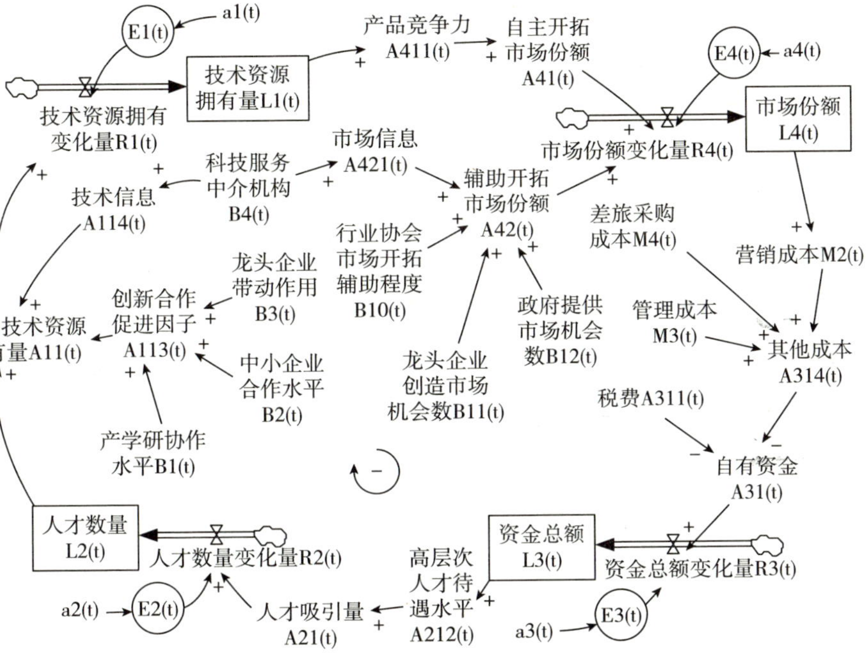

图5－60　人才数量、技术资源拥有量、资金总额与市场份额相互作用的四阶负反馈环（7）

6. 第八条四阶反馈环分析——人才数量、技术资源拥有量、资金总额与市场份额相互作用的四阶负反馈环分析（8）

如图5－61所示，市场份额L4(t)增加使营销成本M2(t)增加，则其他成本A314(t)增加，自有资金A31(t)减少，于是资金总额变化量R3(t)下降，抑制了资金总额L3(t)的增加；资金总额L3(t)的增加受到抑制则企业能够提供给员工的薪资水平A222(t)下降，于是人才留住比率A22(t)减少，人才数量变化量R2(t)下降，人才数量L2(t)下降；人才数量L2(t)下降则企业的创新能力下降，自有技术资源拥有量A11(t)减少，技术资源拥有变化量R1(t)下降，技术资源拥有量L1(t)减少；

技术资源拥有量 L1(t) 减少，即企业的科技支撑减少，产品竞争力 A411(t) 下降则企业的市场开拓能力下降，于是自主开拓市场份额 A41(t) 减少，市场份额变化量 R4(t) 下降，市场份额 L4(t) 减少。

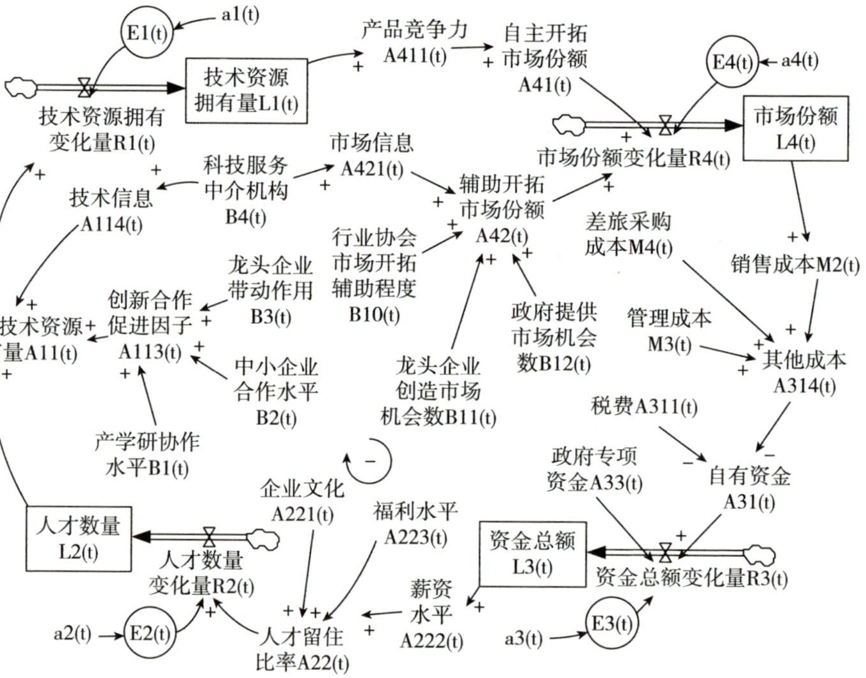

图 5-61 人才数量、技术资源拥有量、资金总额与市场份额相互作用的四阶负反馈环（8）

7. 第九、第十、第十一条四阶反馈环分析——人才数量、技术资源拥有量、资金总额与市场份额相互作用的四阶负反馈环分析（9）（10）（11）

如图 5-62、图 5-63 和图 5-64 所示，市场份额 L4(t) 增加使营销成本 M2(t) 增加，则其他成本 A314(t) 增加，自有资

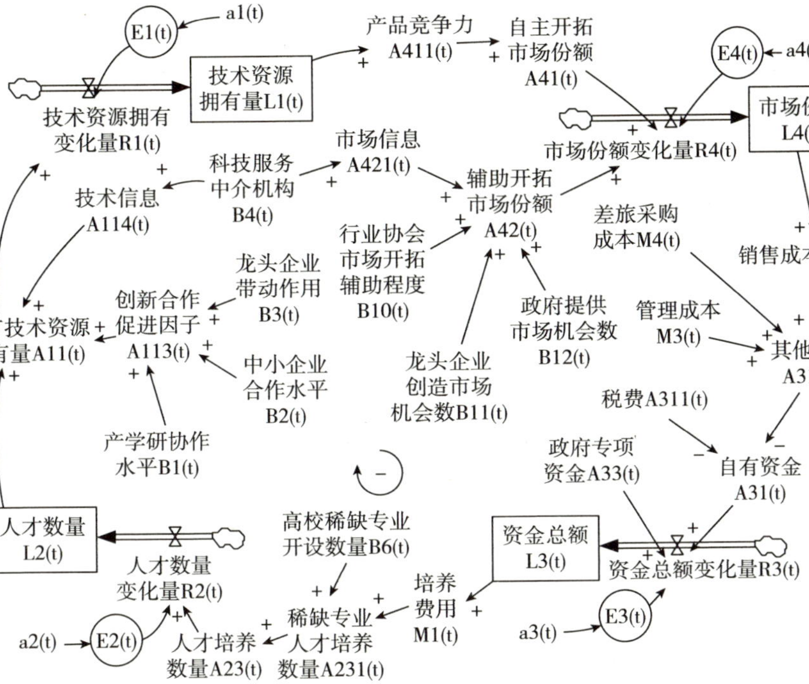

图 5－62　人才数量、技术资源拥有量、资金总额与市场份额相互作用的四阶负反馈环（9）

金 A31(t) 减少，于是资金总额变化量 R3(t) 下降，抑制了资金总额 L3(t) 的增加；资金总额 L3(t) 的增加受到抑制则企业用来培养各类人才的企业培训费用 M1(t) 减少，于是稀缺专业人才培养数量 A231(t)、普通技工培养数量 A232(t)、实用型人才培养数量 A233(t) 减少，总的人才培养数量 A23(t) 减少，于是人才数量变化量 R2(t) 下降，人才数量 L2(t) 减少；人才数量L2(t) 下降则企业的创新能力下降，自有技术资源拥有量 A11(t) 减少，技术资源拥有变化量 R1(t) 下降，技术资源拥有

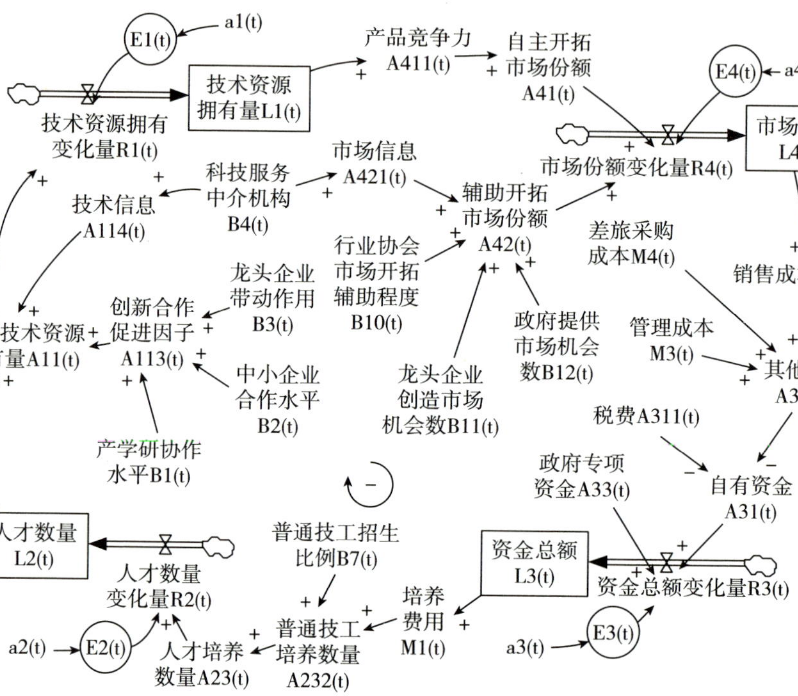

图5-63 人才数量、技术资源拥有量、资金总额与市场份额相互作用的四阶负反馈环（10）

量L1(t)减少；技术资源拥有量L1(t)减少，即企业的科技支撑减少，产品竞争力A411(t)下降则企业的市场开拓能力下降，自主开拓市场份额A41(t)减少，市场份额变化量R4(t)下降，市场份额L4(t)减少。

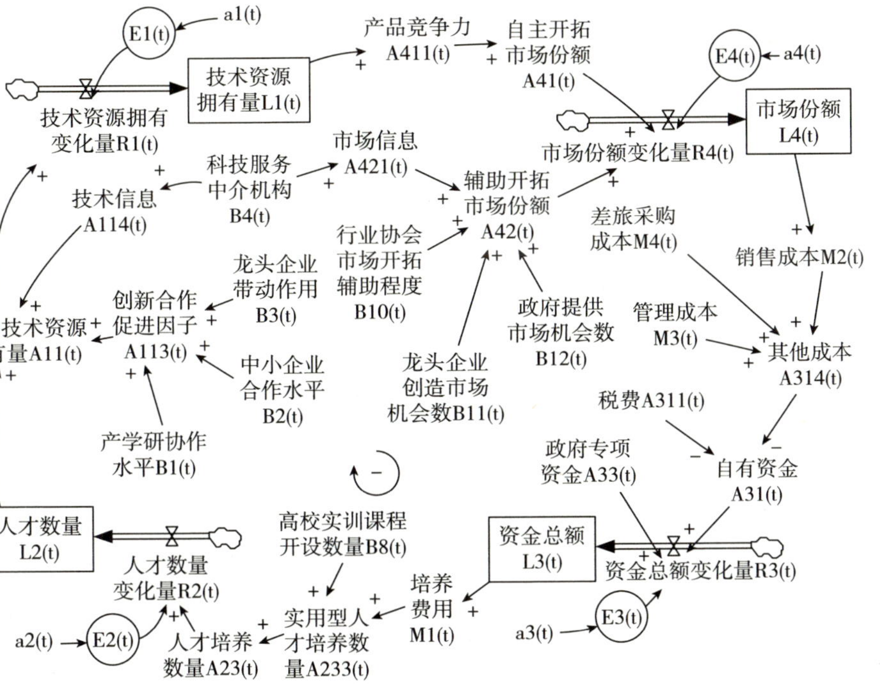

图5－64　人才数量、技术资源拥有量、资金总额与市场份额相互作用的四阶负反馈环（11）

8. 第十二、第十三、第十四条四阶反馈环分析——人才数量、技术资源拥有量、资金总额与市场份额相互作用的四阶负反馈环分析（12）（13）（14）

如图5－65，图5－66和图5－67所示，人才数量L2(t)增加使企业人工成本A313(t)增加，企业自有资金A31(t)减少，于是资金总额变化量R3(t)下降，抑制了资金总额L3(t)增加；资金总额L3(t)的增长受到抑制；资金总额L3(t)的增长受到抑制，则企业进行产品研发的企业研发费用A111(t)减少，企业自身技术创新能力减少，自有技术资源拥有量A11(t)减少，并且企业的技术引入量 A12(t) 减少，外部设备使用量 A13(t) 减少，于是技术资源拥有变化量 R1(t) 减少，技术资源拥有量 L1(t)增加受到抑制；技术资源拥有量 L1(t) 减少，即企业的科技支撑减少，产品竞争力 A411(t) 下降则企业的自主开拓市场份额 A41(t) 减少，市场份额变化量 R4(t) 下降，市场份额 L4(t)减少；市场份额 L4(t) 减少则企业实力 A211(t) 下降，对人才的吸引力减少，人才吸引量 A21(t) 减少，于是人才数量变化量 R2(t) 下降，抑制了人才数量 L2(t) 增加。

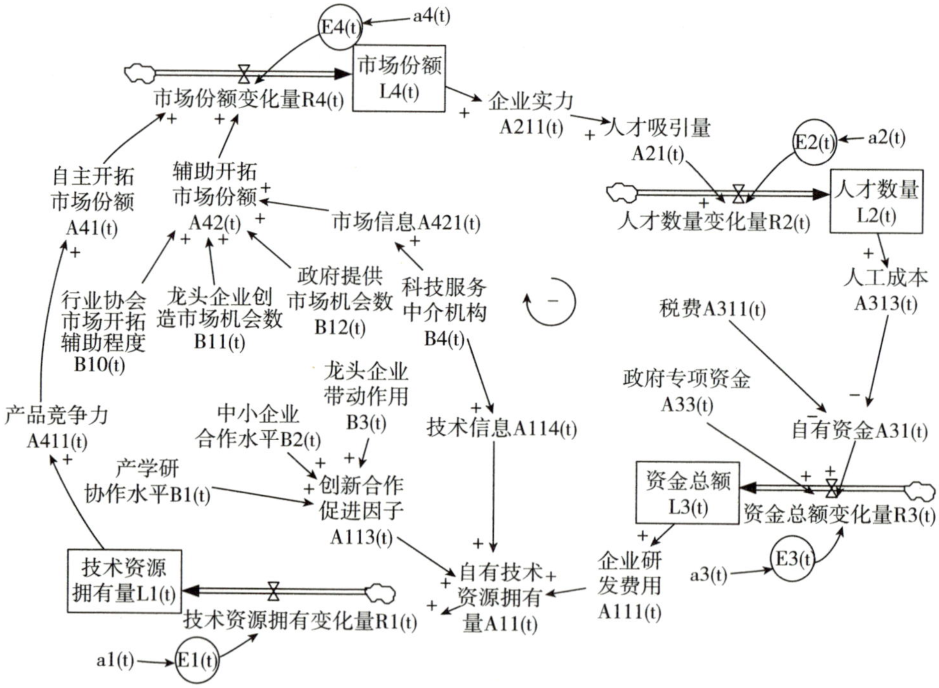

图 5-65 人才数量、技术资源拥有量、资金总额与市场份额相互作用的四阶负反馈环（12）

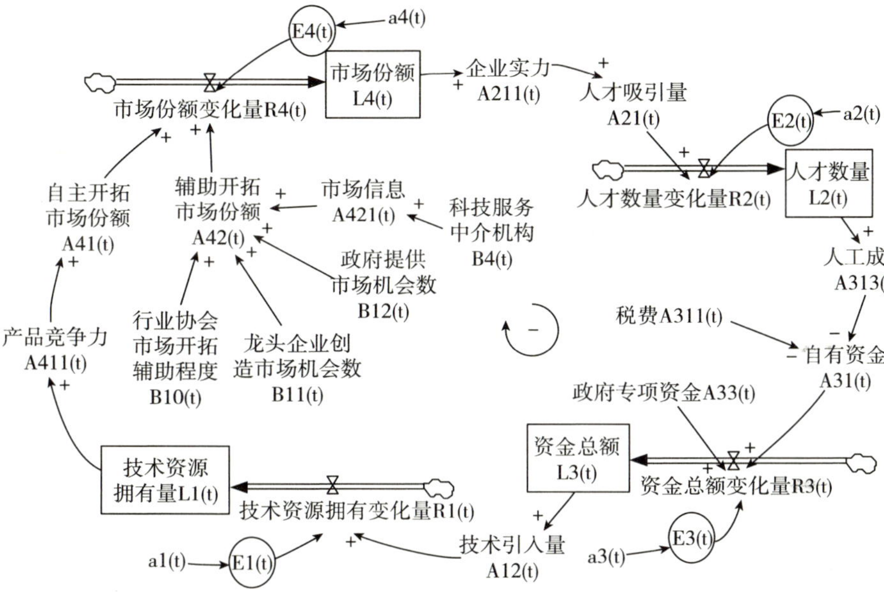

图5－66　人才数量、技术资源拥有量、资金总额与市场份额相互作用的四阶负反馈环（13）

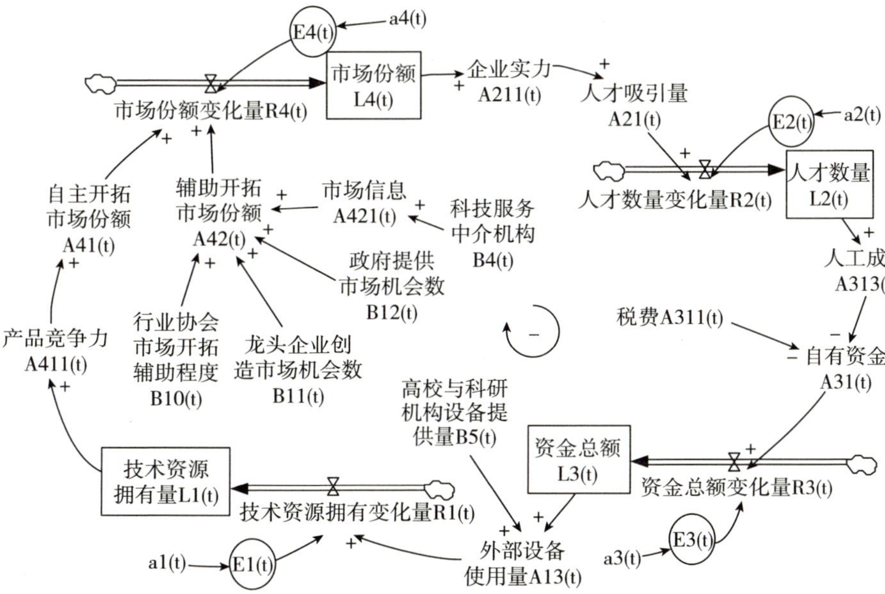

图5－67　人才数量、技术资源拥有量、资金总额与市场份额相互作用的四阶负反馈环（14）

9. 第十五条四阶反馈环分析——人才数量、技术资源拥有量、资金总额与市场份额相互作用的四阶正反馈环分析（1）

如图5-68所示，技术资源拥有量L1(t)增加，即企业的科技支撑增加，产品竞争力A411(t)增加则企业的自主开拓市场份额A41(t)增加，市场份额变化量R4(t)上升，市场份额L4(t)增加；市场份额L4(t)增加意味着企业实力A211(t)的上升，则银行等金融机构评定的企业信用度B9(t)增加，金融机构与民间资本就愿意投入更多的资金来支持企业的发展，企业的

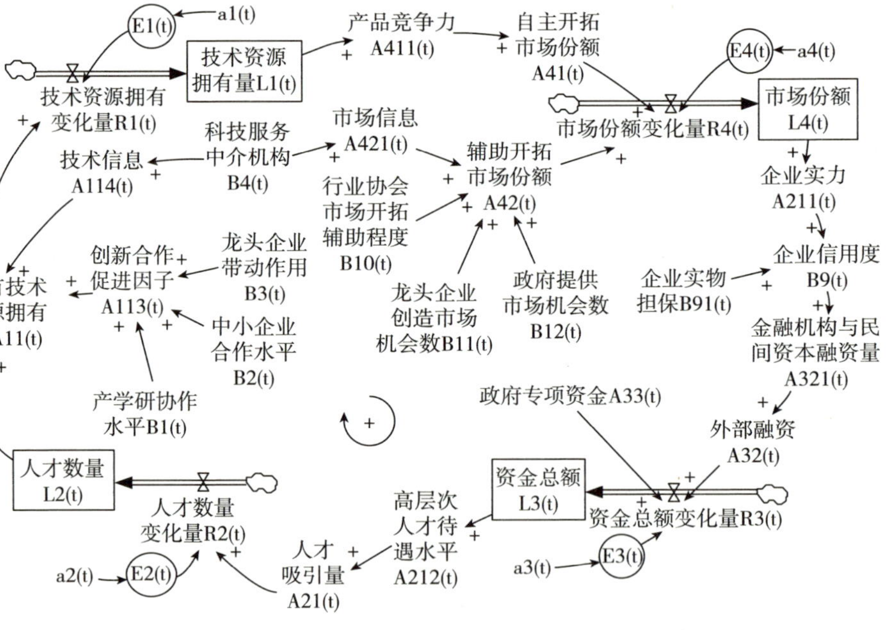

图5-68 人才数量、技术资源拥有量、资金总额与市场份额相互作用的四阶正反馈环（1）

金融机构与民间资本融资量A321(t)增加，外部融资A32(t)增加，于是资金总额变化量R3(t)上升，促进了资金总额L3(t)

的增加；资金总额 L3(t) 增加，企业就有能力提供更高的高层次人才待遇水平 A212(t)，则企业对人才的吸引力上升，人才吸引量 A21(t) 增加，于是人才数量变化量 R2(t) 上升，促进了人才数量 L2(t) 增加；人才数量 L2(t) 增加则企业的技术创新能力提高，自有技术资源拥有量 A11(t) 增加，技术资源拥有变化量 R1(t)增加，技术资源拥有量 L1(t) 增加。

10. 第十六条四阶反馈环分析——人才数量、技术资源拥有量、资金总额与市场份额相互作用的四阶正反馈环分析（2）

如图 5－69 所示，技术资源拥有量 L1(t) 增加，即企业的科技支撑增加，产品竞争力 A411(t) 增加则企业的自主开拓市场份额 A41(t) 增加，市场份额变化量 R4(t) 上升，市场份额 L4(t)

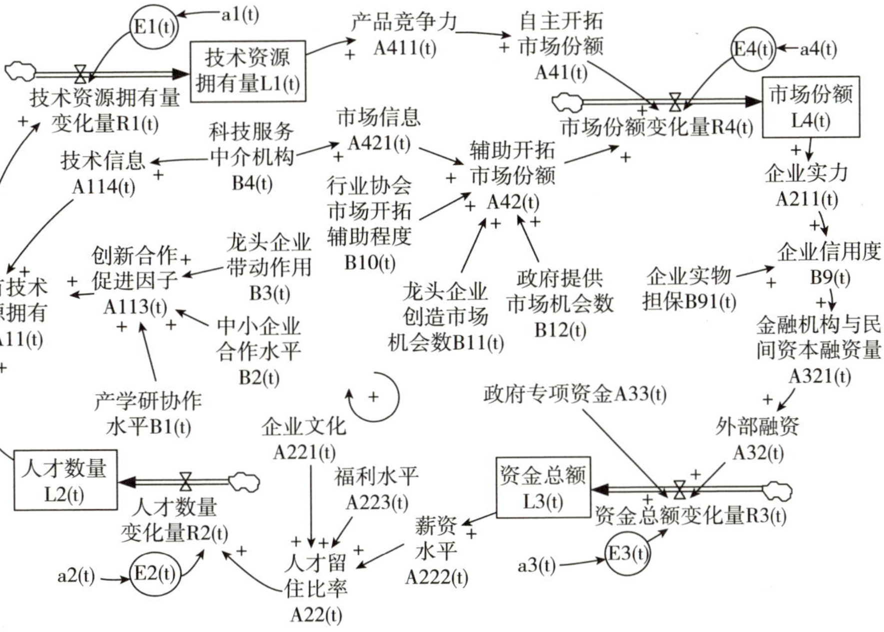

图 5－69　人才数量、技术资源拥有量、资金总额与市场份额相互作用的四阶正反馈环（2）

增加；市场份额 L4(t) 增加代表企业实力 A211(t) 的上升，则银行等金融机构评定的企业信用度 B9(t) 上升，金融机构与民间资本愿意投入更多的资金来支持企业的发展，企业的金融机构与民间资本融资量 A321(t) 增加，外部融资 A32(t) 增加，于是资金总额变化量 R3(t) 上升，促进了资金总额 L3(t) 的增加；资金总额 L3(t) 增加则企业能提供给员工的薪资水平 A222(t) 上升，于是人才留住比率 A22(t) 增加，人才数量变化量 R2(t) 上升，人才数量 L2(t) 增加；人才数量 L2(t) 增加则企业的自有技术资源拥有量 A11(t) 增加，技术资源拥有变化量 R1(t) 增加，技术资源拥有量 L1(t) 增加。

11. 第十七、第十八、第十九条四阶反馈环分析——人才数量、技术资源拥有量、资金总额与市场份额相互作用的四阶正反馈环分析（3）（4）（5）

如图 5－70、图 5－71 和图 5－72 所示，技术资源拥有量 L1(t)增加，即企业的科技支撑增加，产品竞争力 A411(t) 增加则企业的自主开拓市场份额 A41(t) 增加，市场份额变化量 R4(t)上升，市场份额 L4(t) 增加；市场份额 L4(t) 增加意味着企业实力 A211(t) 的上升，银行等金融机构评定的企业信用度 B9(t)上升，金融机构与民间资本愿意投入更多的资金来支持企业的发展，则企业的金融机构与民间资本融资量 A321(t) 增加，外部融资 A32(t) 增加，于是资金总额变化量 R3(t) 上升，促进了资金总额 L3(t) 的增加；资金总额 L3(t) 增加则企业用来培养各类人才的企业培训费用 M1(t) 增加，于是稀缺专业人才培养数量 A231(t)、普通技工培养数量 A232(t)、实用型人才培养数量 A233(t) 增加，总的人才培养数量 A23(t) 增加，人才数量变化量 R2(t) 上升，人才数量 L2(t) 增加；人才数量 L2(t) 增

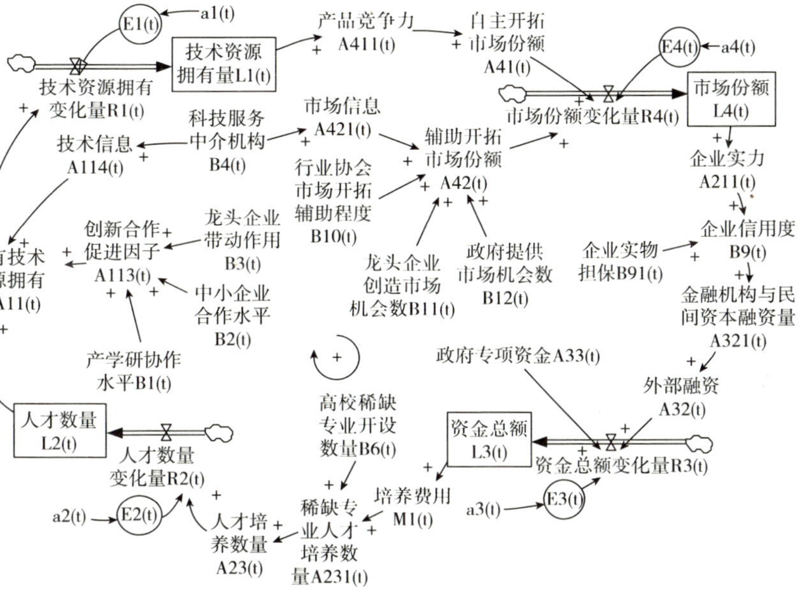

图5－70　人才数量、技术资源拥有量、资金总额与市场份额相互作用的四阶正反馈环（3）

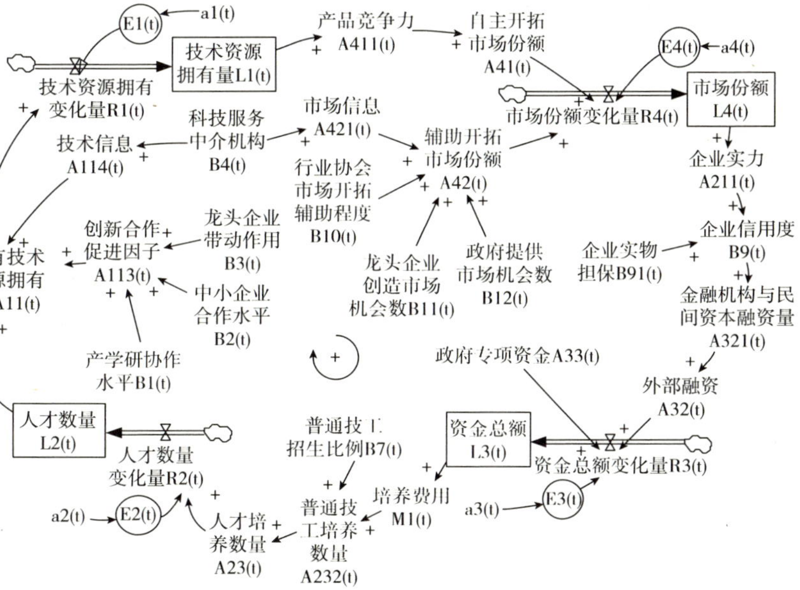

图5－71　人才数量、技术资源拥有量、资金总额与市场份额相互作用的四阶正反馈环（4）

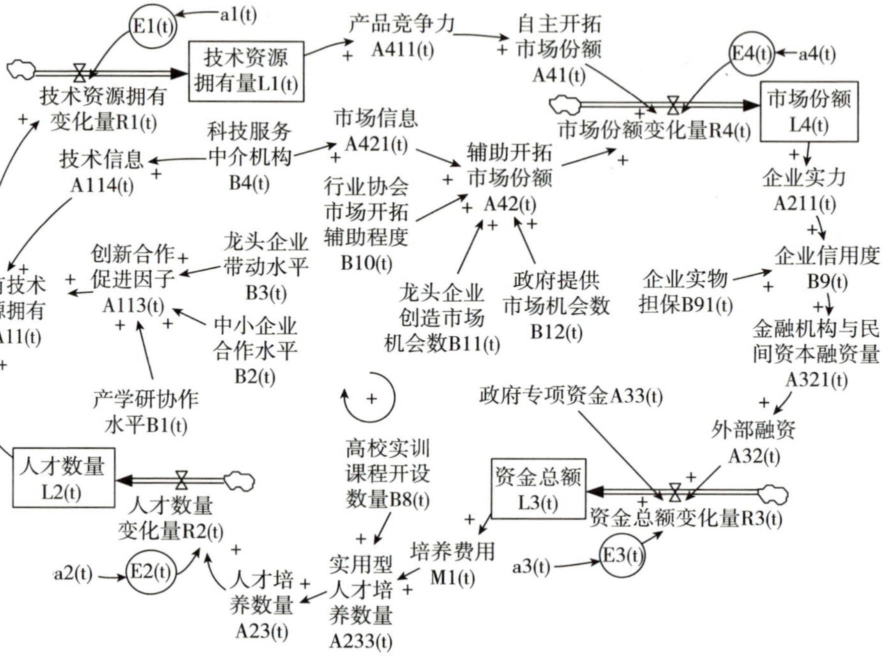

图 5-72 人才数量、技术资源拥有量、资金总额与市场份额相互作用的四阶正反馈环（5）

加则企业的自有技术资源拥有量 A11(t) 增加，技术资源拥有变化量 R1(t) 增加，技术资源拥有量 L1(t) 增加。

12. 第二十、第二十一、第二十二条四阶反馈环分析——人才数量、技术资源拥有量、资金总额与市场份额相互作用的四阶正反馈环分析（1）（2）（3）

如图 5-73、图 5-74 和图 5-75 所示，技术资源拥有量 L1(t)增加则企业得到的政府专项资金 A33(t) 增加，于是资金总额变化量 R3(t) 上升，促进了资金总额 L3(t) 的增长；资金总额 L3(t) 的增加受到促进则企业用来培养各类人才的企业培训费用 M1(t) 增加，稀缺专业人才培养数量 A231(t)、普通技工培养数量 A232(t)、实用型人才培养数量 A233(t) 增加，总的人才培养数量 A23(t) 增加，于是人才数量变化量 R2(t) 上升，人才数量 L2(t) 增加；人才数量 L2(t) 增加则代表企业的营销人员数量 A412(t) 也增加，企业的市场开拓能力因专业人才增加而上升，所以自主开拓市场份额 A41(t) 增加，市场份额变化量 R4(t)上升促进了市场份额 L4(t) 的增加；市场份额 L4(t) 增加受到促进则市场需求因子 A112(t) 的影响增加，实现创新成果市场化的自有技术资源拥有量 A11(t) 增加，于是技术资源拥有变化量 R1(t) 上升，技术资源拥有量 L1(t) 增加。

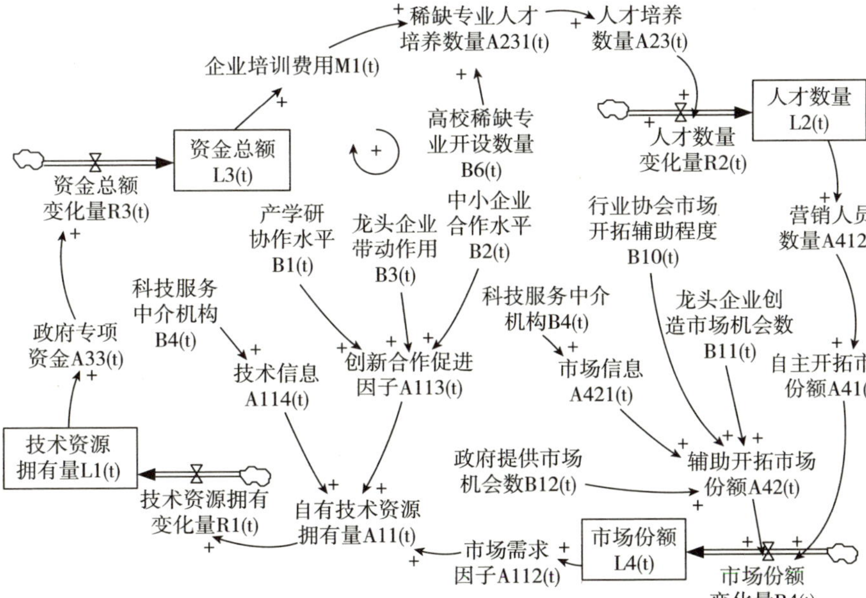

图 5－73　人才数量、技术资源拥有量、资金总额与市场份额相互作用的四阶正反馈环分析（1）

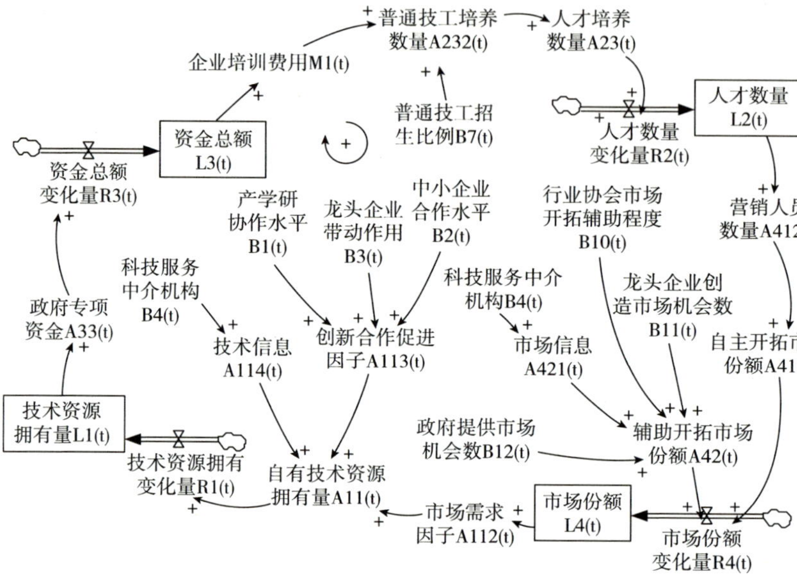

图5-74　人才数量、技术资源拥有量、资金总额与市场份额相互作用的四阶正反馈环分析（2）

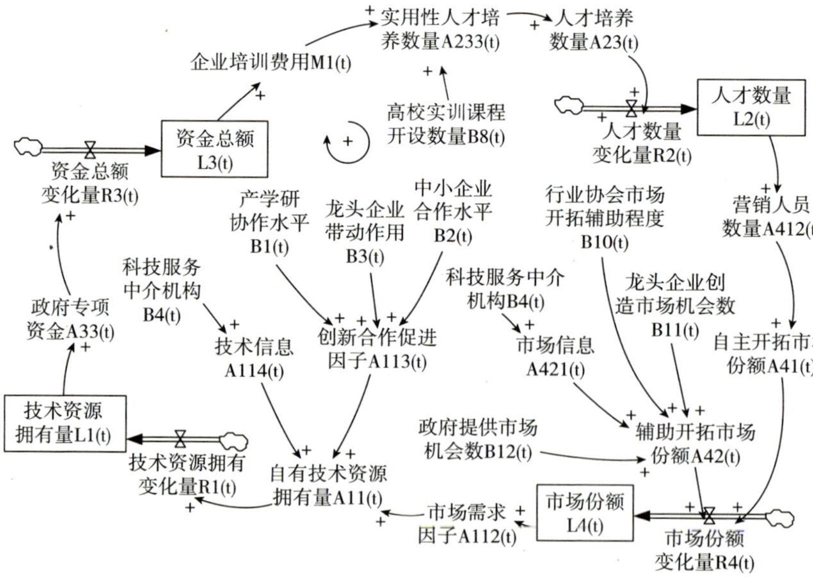

图5-75　人才数量、技术资源拥有量、资金总额与市场份额相互作用的四阶正反馈环分析（3）

13. 第二十三条四阶反馈环分析——人才数量、技术资源拥有量、资金总额与市场份额相互作用的四阶正反馈环分析（4）

如图5－76所示，技术资源拥有量L1(t)增加，则企业得到的政府专项资金A33(t)增加，于是资金总额变化量R3(t)上升，促进了资金总额L3(t)的增长；资金总额L3(t)的增加，则企业提供高层次人才待遇水平A212(t)提升，企业对人才的吸引力上升，人才吸引量A21(t)增加，于是人才数量变化量R2(t)上升，人才数量L2(t)增加；人才数量L2(t)增加则代表营销人员数量A412(t)也增加，企业的市场开拓能力上升，自主开拓市场份额A41(t)增加，于是市场份额变化量R4(t)上升促进了市场份额L4(t)的增加；市场份额L4(t)增加受到促进则

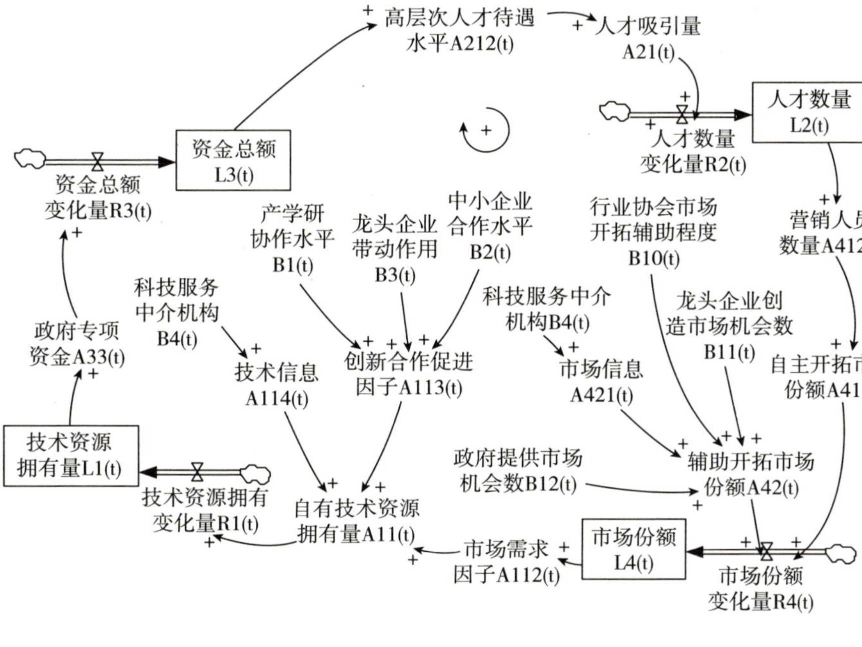

图5－76　人才数量、技术资源拥有量、资金总额与市场份额相互作用的四阶正反馈环分析（4）

市场需求因子 A112(t) 的影响增加，实现创新成果市场化的自有技术资源拥有量 A11(t) 增加，于是技术资源拥有变化量R1(t) 上升，技术资源拥有量 L1(t) 增加。

14. 第二十四条四阶反馈环分析——人才数量、技术资源拥有量、资金总额与市场份额相互作用的四阶正反馈环分析（5）

如图 5－77 所示，技术资源拥有量 L1(t) 增加则企业得到的政府专项资金 A33(t) 增加，于是资金总额变化量 R3(t) 上升，促进了资金总额 L3(t) 的增长；资金总额 L3(t) 增加则企业能提供给员工的薪资水平 A222(t) 提高，企业留住人才的能力上升，人才留住比率 A22(t) 增加，于是人才数量变化量 R2(t) 上升，人才数量 L2(t) 上升；人才数量 L2(t) 增加则代表营销人员

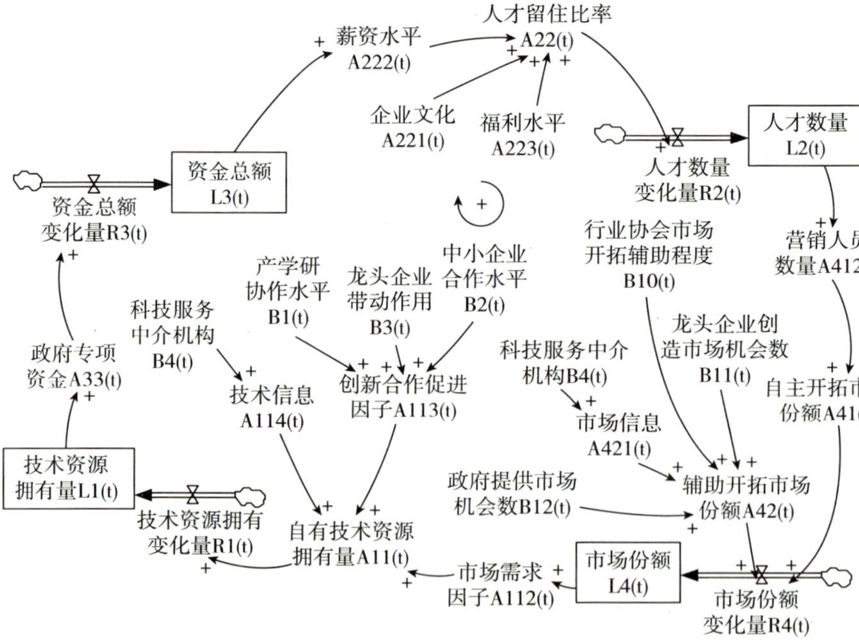

图 5－77　人才数量、技术资源拥有量、资金总额与市场份额相互作用的四阶正反馈环分析（5）

数量 A412(t) 也增加，企业的市场开拓能力由于专业人才的增加而上升则自主开拓市场份额 A41(t) 增加，市场份额变化量 R4(t)上升促进了市场份额 L4(t) 的增加；市场份额L4(t)增加受到促进则市场需求因子 A112(t) 的影响增加，实现创新成果市场化的自有技术资源拥有量 A11(t) 增加，于是技术资源拥有变化量 R1(t) 上升，技术资源拥有量 L1(t) 增加。

15. 第二十三条四阶反馈环分析——人才数量、技术资源拥有量、资金总额与市场份额相互作用的四阶正反馈环分析（6）

如图 5－78 所示，技术资源拥有量 L1(t) 增加则企业得到的相应政府专项资金 A33(t) 就增加，于是资金总额变化量 R3(t) 上升促进了资金总额 L3(t) 的增长；资金总额 L3(t) 的增加则企业可用于市场开拓的市场开拓费用 A413(t) 增加，自主开拓市

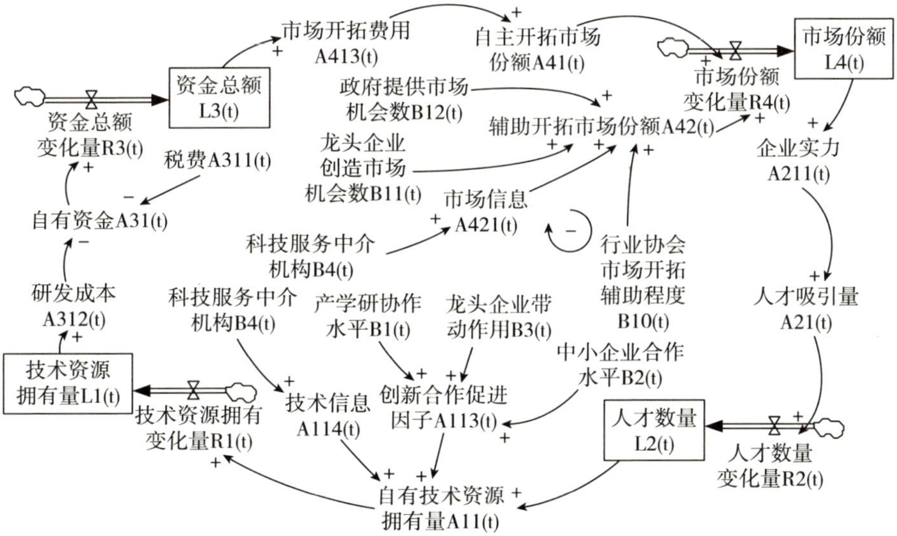

图 5－78 人才数量、技术资源拥有量、资金总额与市场份额相互作用的四阶正反馈环分析（6）

场份额 A41(t) 增加，于是市场份额变化量 R4(t) 提高促进了市场份额 L4(t) 的增长；市场份额 L4(t) 增加受到抑制则企业实力 A211(t) 上升，对人才的吸引力增加，人才吸引量 A21(t) 增加，于是人才数量变化量 R2(t) 上升促进了人才数量 L2(t) 增加；人才数量 L2(t) 增加受到促进则自有技术资源拥有量 A11(t)增加，技术资源拥有变化量 R1(t) 上升，技术资源拥有量 L1(t) 增加。

第六章

提升科技型中小企业协同创新能力的管理策略

一、科技型中小企业协同创新网络关键因果链

根据第五章的分析结果，综合整理出35条影响科技型中小企业协同创新能力的关键因果链：

（一）科技支撑网络系统关键因果链

共10条关键促进因果链如下：

产学研协作水平 B1(t) $\xrightarrow{+}$ 创新合作促进因子 A113(t) $\xrightarrow{+}$ 自有技术资源拥有量 A11(t) $\xrightarrow{+}$ 技术资源拥有变化量 R1(t)

中小企业合作水平 B2(t) $\xrightarrow{+}$ 创新合作促进因子 A113(t) $\xrightarrow{+}$ 自有技术资源拥有量 A11(t) $\xrightarrow{+}$ 技术资源拥有变化量 R1(t)

龙头企业带动作用 B3(t) $\xrightarrow{+}$ 创新合作促进因子 A113(t) $\xrightarrow{+}$ 自有技术资源拥有量 A11(t) $\xrightarrow{+}$ 技术资源拥有变化量 R1(t)

科技服务中介机构 B4(t) $\xrightarrow{+}$ 技术信息 A114(t) $\xrightarrow{+}$ 自有技术资源拥有量 A11(t) $\xrightarrow{+}$ 技术资源拥有变化量 R1(t)

高校与科研机构设备提供量 B5(t) $\xrightarrow{+}$ 外部设备使用量 A13(t) $\xrightarrow{+}$ 技术资源拥有变化量 R1(t)

资金总额 L3(t) $\xrightarrow{+}$ 技术引入数量 A12(t) $\xrightarrow{+}$ 技术资源拥有变化量 R1(t)

资金总额 L3(t) $\xrightarrow{+}$ 研发费用 A111(t) $\xrightarrow{+}$ 自有技术资源拥有量 A11(t) $\xrightarrow{+}$ 技术资源拥有变化量 R1(t)

资金总额 L3(t) $\xrightarrow{+}$ 外部设备使用量 A13(t) $\xrightarrow{+}$ 技术资源拥有变化量 R1(t)

人才数量 L2(t) $\xrightarrow{+}$ 自有技术资源拥有量 A11(t) $\xrightarrow{+}$ 技术资源拥有变化量 R1(t)

市场份额 L4 (t) $\xrightarrow{+}$ 市场需求因子 A112(t) $\xrightarrow{+}$ 自有技术资源拥有量 A11(t) $\xrightarrow{+}$ 技术资源拥有变化量 R1(t)

(二) 人力资源网络系统关键因果链

共 11 条关键促进因果链如下:

资金总额 L3(t) $\xrightarrow{+}$ 高层次人才待遇水平 A212(t) $\xrightarrow{+}$ 人才吸引量 A21(t) $\xrightarrow{+}$ 人才数量变化量 R2(t)

高校稀缺专业开设数量 B6(t) $\xrightarrow{+}$ 稀缺专业人才培养数量 A231(t) $\xrightarrow{+}$ 人才培养数量 A23(t)

普通技工招生比例 B7(t) $\xrightarrow{+}$ 普通技工培养数量 A232(t) $\xrightarrow{+}$ 人才培养数量 A23(t)

高校实训课程开设数量 B8(t) $\xrightarrow{+}$ 实用型人才培养数量 A231(t) $\xrightarrow{+}$ 人才培养数量 A23(t)

企业文化 A221(t) $\xrightarrow{+}$ 人才留住比率 A22(t) $\xrightarrow{+}$ 人才数量变化量 R2(t)

福利水平 A223(t) $\xrightarrow{+}$ 人才留住比率 A22(t) $\xrightarrow{+}$ 人才数量变化量 R2(t)

资金总额 L3(t) $\xrightarrow{+}$ 薪资水平 A222(t) $\xrightarrow{+}$ 人才留住比率 A22(t) $\xrightarrow{+}$ 人才数量变化量 R2(t)

资金总额 L3(t) $\xrightarrow{+}$ 企业培训费用 M1(t) $\xrightarrow{+}$ 稀缺专业人才培养数量 A231(t) $\xrightarrow{+}$ 人才培养数量 A23(t)

资金总额 L3(t) $\xrightarrow{+}$ 企业培训费用 M1(t) $\xrightarrow{+}$ 普通技工培养数量 A232(t) $\xrightarrow{+}$ 人才培养数量 A23(t)

资金总额 L3(t) $\xrightarrow{+}$ 企业培训费用 M1(t) $\xrightarrow{+}$ 实用型人才培养数量 A233(t) $\xrightarrow{+}$ 人才培养数量 A23(t)

市场份额 L4(t) $\xrightarrow{+}$ 企业实力 A211(t) $\xrightarrow{+}$ 人才吸引量 A21(t) $\xrightarrow{+}$ 人才数量变化量 R2(t)

（三）融资网络系统关键因果链

1. 3 条关键促进因果链

技术资源拥有量 L1(t) $\xrightarrow{+}$ 政府专项资金 A33(t) $\xrightarrow{+}$ 资金总额变化量 R3(t)

市场份额 L4(t) $\xrightarrow{+}$ 企业实力 A211(t) $\xrightarrow{+}$ 企业信用度 B9(t) $\xrightarrow{+}$ 金融机构与民间资本融资量 A321(t) $\xrightarrow{+}$ 外部融资 A32(t) $\xrightarrow{+}$ 资金总额变化量 R3(t)

企业实物担保 B91(t) $\xrightarrow{+}$ 企业信用度 B9(t) $\xrightarrow{+}$ 金融机构与民间资本融资量 A321(t) $\xrightarrow{+}$ 资金总额变化量 R3(t)

2. 6 条关键抑制因果链

技术资源拥有量 L1(t) $\xrightarrow{+}$ 研发成本 A312(t) $\xrightarrow{-}$ 自有资金 A31(t) $\xrightarrow{+}$ 资金总额变化量 R3(t)

人才数量 L2(t) $\xrightarrow{+}$ 人工成本 A313(t) $\xrightarrow{-}$ 自有资金 A31(t) $\xrightarrow{+}$ 资金总额变化量 R3(t)

市场份额 L4(t) $\xrightarrow{+}$ 营销成本 M2(t) $\xrightarrow{+}$ 其他成本 A314(t) $\xrightarrow{-}$ 自有资金 A31(t) $\xrightarrow{+}$ 资金总额变化量 R3(t)

管理成本 M3(t) $\xrightarrow{+}$ 其他成本 A314(t) $\xrightarrow{-}$ 自有资金 A31(t) $\xrightarrow{+}$ 资金总额变化量 R3(t)

差旅采购成本 M4(t) $\xrightarrow{+}$ 其他成本 A314(t) $\xrightarrow{-}$ 自有资金 A31(t) $\xrightarrow{+}$ 资金总额变化量 R3(t)

税费 A311（t）$\xrightarrow{-}$自有资金 A31（t）$\xrightarrow{+}$资金总额变化量R3（t）

（四）市场开拓网络系统关键因果链

共 7 条关键促进因果链如下：

科技服务中介机构 B4（t）$\xrightarrow{+}$市场信息 A421（t）$\xrightarrow{+}$辅助开拓市场份额 A42（t）$\xrightarrow{+}$市场份额变化量 R4（t）

行业协会市场开拓辅助程度 B10（t）$\xrightarrow{+}$辅助开拓市场份额 A42（t）$\xrightarrow{+}$市场份额变化量 R4（t）

龙头企业创造市场机会数 B11（t）$\xrightarrow{+}$辅助开拓市场份额 A42（t）$\xrightarrow{+}$市场份额变化量 R4（t）

政府提供市场机会数 B12（t）$\xrightarrow{+}$辅助开拓市场份额 A42（t）$\xrightarrow{+}$市场份额变化量 R4（t）

技术资源拥有量 L1（t）$\xrightarrow{+}$产品竞争力 A411（t）$\xrightarrow{+}$自主开拓市场份额 A41（t）

营销人员数量 A412（t）$\xrightarrow{+}$自主开拓市场份额 A41（t）$\xrightarrow{+}$市场份额变化量 R4（t）

资金总额 L3（t）$\xrightarrow{+}$市场开拓费用 A413（t）$\xrightarrow{+}$自主开拓市场份额 A41（t）$\xrightarrow{+}$市场份额变化量 R4（t）

加强促进因果链，削弱抑制因果链是推动系统良性循环发展的解决办法。以下将依据这些因果链提出对策建议。

二、科技型中小企业协同创新关键因果链分析及其策略

（一）科技支撑网络系统关键因果链分析及其策略

为增强科技支撑网络系统，拟引入对策 a1(t) 作用于环境变量 E1(t)，增强技术资源拥有变化量 R1(t)，最终达到增强科技型中小企业协同创新网络的技术创新能力的目的。

1. 提升外部设备供给能力

为了进一步促进“资金总额 L3(t) $\xrightarrow{+}$ 外部设备使用量 A13(t) $\xrightarrow{+}$ 技术资源拥有变化量 R1(t)”这一条关键因果链，提出以下策略：

高校与科研机构设备提供量增加时，外部设备使用量增加，最终可增加技术资源拥有量，因此建议科技型中小企业增加设备资金预算，新增研发设备。经确认为科技研究开发机构，可按照研发设备实际投入额的 10% ~30% 予以补助，补助金额最高 1000 万元；新增研发设备属于已设立但未带产业化项目的研发机构，按照实际投入额的 10% ~30% 予以补助，补助金额最高 500 万元；经考核评估，对于提供公共开放式服务的研发机构，在以上补助的基础上，追加 10% 的补助比例。

这些措施可改善外部设备使用量 A13(t)，增强了技术资源

拥有变化量 R1(t)，最终达到增强科技型中小企业协同创新网络技术创新能力的目的。

2. 促进“校企合作”实质性合作，提升产学研协作水平

（1）为了进一步促进“产学研协作水平 B1(t) $\xrightarrow{+}$ 创新合作促进因子 A113(t) $\xrightarrow{+}$ 自有技术资源拥有量 A11(t) $\xrightarrow{+}$ 技术资源拥有变化量 R1(t)”这一条关键因果链，提出以下策略：

政府推动高等院校的“去行政化”工作，使高校科研带头人不再陷于行政工作中，有足够的时间和精力与企业合作研发；鼓励高校与地方政府建立科技创新合作机制，加强政府各部门之间的规划调整，真正做到“放管服”一体，切实保障教师利益；结合互联网形成校企信息融通平台，定期发布项目成果信息，展示高校最新科技成果转化与研究进度，激励教师科研积极性的同时增强社会企业对高校科技成果的了解，加强产学研合作，促进科研合作和成果转化。

政府加强高校实践人才建设，由校外向校内引进一批具有实践工作经验的人才对高校教学科研进行改革，将学校科技成果与企业实践相结合；在校内引导高校改变教师科研考核、职称评定导向，把与企业合作的创新成果及成果产业化水平也纳入教师科研考核、职称评定范畴，真正引导高校的科研力量支持企业技术创新（陈海鹏等；2019）。

（2）为了进一步促进“高校与科研机构设备提供量B5(t) $\xrightarrow{+}$ 外部设备使用量 A13(t) $\xrightarrow{+}$ 技术资源拥有变化量 R1(t)”这一条关键因果链，提出以下策略：

鼓励高校科研院所等按照集约化、社会化、市场化整合大型科学仪器，建设“开放实验室”，进而推进大型科研仪器向科技

型中小企业开放。

这些措施可提升产学研协作水平 B1(t)，增加高校与科研机构设备提供量 B5(t)，增强技术资源拥有变化量 R1(t)，最终达到增强科技型中小企业协同创新网络的技术创新能力的目的。

3. 加强企业之间的合作

(1) 为了进一步促进“中小企业合作水平 B2(t) $\xrightarrow{+}$ 创新合作促进因子 A113(t) $\xrightarrow{+}$ 自有技术资源拥有量 A11(t) $\xrightarrow{+}$ 技术资源拥有变化量 R1(t)”这一条关键因果链，提出以下策略：

科技型中小企业由于资源及技术能力有限，只能在一个专业领域或者技术环节深入，形成各自小范围的竞争优势，因而科技型中小企业有效利用创新网络中的资源才是其得以生存发展的关键。科技型中小企业应当在发展过程中通过专业分工合作围绕产业龙头企业形成产业集群，由政府牵头组织成立科技型中小企业合作组织，从而获得更多的规模经济效益，为未来的长期生存和发展提供可靠的基础与生存空间。

建立中小企业之间的互信机制。科技型中小企业之间不可避免地存在文化差异，这种差异会对企业观念、行为及绩效产生影响，因此，必须通过跨文化的管理培训、鼓励非正式接触、提高行为和策略的透明度等措施来努力消除彼此的隔阂和陌生，使各种文化在协同创新网络中相互渗透和相互交融，最终通过相互学习，取长补短，形成各方都能接受、既融合各方文化特色又具有鲜明的合作特征的处事原则，从而使协同体具有一个统一的并为各方所信任的文化基础。同时建议政府加大对中小企业的引导，提高人员素质，协调合作多方之间的关系，使中小企业开展高水平的合作形式，提升科技型中小企业间的合作水平。

（2）为了进一步促进“龙头企业带动作用 B3(t) $\xrightarrow{+}$ 创新合作促进因子 A113(t) $\xrightarrow{+}$ 自有技术资源拥有量 A11(t) $\xrightarrow{+}$ 技术资源拥有变化量 R1(t)”这一条关键因果链，提出以下策略：

中小企业围绕龙头企业开展专业化分工体系，学习发达国家，采用水平和垂直分工两种形式，克服中小企业虽全而散的特点，企业内部分工外部化这一形式有利于中小企业形成集群合作关系，实现资源互补，通过创新合作促进因子实现自有技术资源拥有量的提高。当科技型中小企业与龙头企业形成网络集群，龙头企业获得进步性技术的进程更快，可以对协同创新网络内中小企业进行配套技术指导，从而帮助中小企业降低研发成本，中小企业获得由技术带来的效益，进一步降低生产成本，中小企业又为龙头企业提供所需产品，形成合作方互惠互利的模式（孙卫东，2019）。

这些措施提高了科技型中小企业合作水平 B2(t) 和龙头企业带动作用 B3(t)，增强了技术资源拥有变化量 R1(t)，最终达到增强科技型中小企业协同创新网络的技术创新能力的目的。

4. 加强技术引入数量，提高技术信息获取能力

（1）为了进一步促进“资金总额 L3(t) $\xrightarrow{+}$ 技术引入数量 A12(t) $\xrightarrow{+}$ 技术资源拥有变化量 R1(t)”这一条关键因果链，提出以下策略：

政府对企业技术引入提供资金支持，安排创新技术引入专项资金，鼓励企业进行创新技术项目的引入行为，鼓励科技型中小企业加大对技术引进数量的重视，根据引入数量划分合理的资金补贴等级。一方面，政府帮助中小企业扩大技术引进与对外技术合作，促进企业技术引进的消化、吸收与创新，调整发展战略和

技术引入战略，促进中小企业的技术改造；另一方面，技术引入战略将中小企业的技术进步作为一个重要的标准，从而鼓励企业对技术引入行为与技术引入数量的重视。

（2）为了进一步促进“人才数量 L2(t) $\xrightarrow{+}$ 自有技术资源拥有量 A11(t) $\xrightarrow{+}$ 技术资源拥有变化量 R1(t)”这一条关键因果链，提出以下策略：

加强有关产学研工作相关资源规划协调，从推进高校科技成果转化的目标入手，细化对高校科技型人才对接科技型中小企业的奖励制度，相关科技成果转化奖励不受绩效与工资限制，根据公司规模调整科研人员产学研合作收益税费高的问题，从源头提高中小企业人才获取量，进而提高企业自身技术资源拥有量。

（3）为了进一步促进“资金总额 L3(t) $\xrightarrow{+}$ 研发费用A111(t) $\xrightarrow{+}$ 自有技术资源拥有量 A11(t) $\xrightarrow{+}$ 技术资源拥有变化量 R1(t)”这一条关键因果链，提出以下策略：

不断优化培育技术资源配置规模与质量，如加大研发经费投入而减少辅助性经费的投入。由于科技型中小企业自身技术拥有量缺乏，建议可以与其他企业联合开展交叉技术许可，接受其他企业的专业技术咨询服务，互惠互利，从而弥补自身短板，拓宽自身技术资源拥有量的获取途径（夏宁和董艳，2014）。加大研发费用的投入，提高企业的自有技术资源拥有量，增加产品技术含量，提升产品竞争力、提升产品市场份额是提升科技型中小企业协同创新能力的关键。

（4）为了进一步促进“科技服务中介机构 B4(t) $\xrightarrow{+}$ 技术信息 A114(t) $\xrightarrow{+}$ 自有技术资源拥有量 A11(t) $\xrightarrow{+}$ 技术资源拥有变

化量 R1(t)”这一条关键因果链，提出以下策略：

科技型中小企业可以通过科技中介机构及平台发展众包创新等新模式，充分利用互联网、大数据等信息技术获取更多的信息技术，提升研发能力，优化研发流程，强化管理水平，探索网络营销新模式等，提升协同创新能力。

这些措施增加了科技型中小企业技术引入数量 A12(t)、人才数量 L2(t)、研发费用 A111(t) 和技术信息 A114(t)，增加了自有技术资源拥有量 A11(t)，增强了技术资源拥有变化量 R1(t)，最终达到增强科技型中小企业协同创新网络的技术创新能力的目的。

(二) 人力资源网络系统关键因果链分析及其策略

为增强人力资源网络系统，拟引入对策 a2(t) 作用于环境变量 E2(t)，增强人才数量变化量 R2(t)，最终达到缓解科技型中小企业协同创新网络的人力瓶颈问题的目的。

1. 积极培养符合企业实际需要的人才

(1) 为了进一步促进“普通技工招生比例 B7(t) $\xrightarrow{+}$ 普通技工培养数量 A232(t) $\xrightarrow{+}$ 人才培养数量 A23(t) $\xrightarrow{+}$ 人才数量变化量 R2(t)”这一条关键因果链，提出以下策略：

科技型中小企业具有一般中小企业规模小、业务灵活的特点，高校应拓展学生的培养途径，点对点与科技型中小企业合作，进行小规模分散式人才培养，同时可以达到资源共享、互惠互利的目的，有利于企业和学校双方可持续发展；政府帮助高校和职业院校之间形成高校联合体，根据联合体的规模提高普通业务技工的招生比例，高校之间共同培养一定的普通业务技工，从而提高普通技工培养数量，高校联合体之间可以相互弥补研究能力与设备设施的不足，在育人方面也可共同进步（杨金检，2019）。

（2）为了进一步促进“高校稀缺专业开设数量 B6(t) $\xrightarrow{+}$ 稀缺专业人才培养数量 A231(t) $\xrightarrow{+}$ 人才培养数量 A23(t) $\xrightarrow{+}$ 人才数量变化量 R2(t)”这一条关键因果链，提出以下策略：

高校和科技型中小企业可共同建立职业课程体系，双方进行适度的调研，分析各个相关领域的职业定位与工作任务，共同确认人才培养目标，实现课程体系的重新构建，解决高校课程与企业需求专业不对口、专业人才稀缺等一系列问题。

（3）为了进一步促进“高校实训课程开设数量 B8(t) $\xrightarrow{+}$ 实用型人才培养数量 A231(t) $\xrightarrow{+}$ 人才培养数量 A23(t) $\xrightarrow{+}$ 人才数量变化量 R2(t)”这一条关键因果链，提出以下策略：

政府应引导高校转变人才培养方针，制定以市场为导向培养人才的相关政策，使课程设计和教师授课内容紧跟市场新知识、新技术，增加高校实训课程开设数量，注重学生实践能力的训练，在校期间安排学生参加实际项目的开发，培养实战能力、累积工作经验，从而增加实用型人才培养的数量（金明，2018）。学校在设定课程体系的同时，应该把创新思维融进课程中，旨在培育企业所需的实用型与专业型人才，并让学生具备相关创业创新精神，培养更多的实用型人才数量。

这些措施提高了普通技工招生比例 B7(t)、稀缺专业人才培养数量 A231(t)、实用型人才培养数量 A231(t)，因此增加了人才数量变化量 R2(t)，最终达到缓解科技型中小企业协同创新人力资源瓶颈的目的。

2. 政府帮助企业招募留住人才

（1）为了进一步促进“资金总额 L3(t)$\xrightarrow{+}$薪资水平 A222(t)$\xrightarrow{+}$人才留住比率 A22(t)$\xrightarrow{+}$人才数量变化量 R2(t)”这一条关键因果链，提出以下策略：

政府需要协助科技型中小企业调整企业的薪资水平，完善企业的薪酬激励体系，提高人才薪酬待遇，从而增加人才留住比率。科技型中小企业资金融通相比大型企业更加困难，在人工成本居高不下的环境下，政府可以提倡科技型中小企业跳出“奖金+绩效”的薪资模式，设置更加合理公平的薪酬结构，体现出岗位的差异性，使科技型中小企业处于高浓度的创新氛围环境下，将企业的薪酬与员工工作实际进行高度匹配，营造同工同酬、能者多劳的形式（温雪，2019），从而留住人才。

（2）为了进一步促进“福利水平 A223(t)$\xrightarrow{+}$人才留住比率 A22(t)$\xrightarrow{+}$人才数量变化量 R2(t)”这一条关键因果链，提出以下策略：

政府对于科技型中小企业的骨干人才应给予适当补贴政策，帮助其解决购房、子女就近入学等问题，为他们解决后顾之忧，让他们安心工作，应启动人才安居工程，实施“新建楼盘人才住宅配建制度”，将科技型中小企业高精尖等优秀人才也纳入保障性住房体系。实行“零门槛”落户，加强推行人才安居、子女教育、医疗卫生、社会保障等激励制度，全面落实人才税收奖励政策。

政府指导科技型中小企业提供补贴，可以根据不同时期的员工提供更高的福利水平待遇，在留住老员工的同时激励新员工，可以提供房贷车贷免息等一系列福利，还可以结合当下年轻人的兴趣提供不同形式的福利，提高年轻新员工的留住比率。根据马洛斯需求层次理论，物质激励应与精神激励相结合，可产生更大的激励作用，因此科技型中小企业应当依据员工实际需求提高福利水平，政府应当针对数量众多的科技型中小企业进行需求调研，拟定更多福利水平提升的方案，以协助企业留住人才（温雪，2019）。人才只有走上工作岗位才能发挥作用，而岗位和待遇是由具体的用人单位来决定的，这也需要政府出台政策措施，让企事业单位都积极主动地采取有效措施留住人才（王萍和郑笑笑，2018）。

（3）为了进一步促进“企业文化 A221(t) $\xrightarrow{+}$ 人才留住比率 A22(t) $\xrightarrow{+}$ 人才数量变化量 R2(t)”这一条关键因果链，提出以下策略：

企业文化的柔性效应对员工的影响也渗透于各方面：一是企业应该时时刻刻坚持以人为本的原则，深入了解员工的需求；政府可以提倡企业组织青年员工进行思想教育培训以及相关的团建活动，增强青年员工对企业的归属感，稳定青年员工思想，稳定员工队伍。二是加强员工之间的沟通交流，不仅仅限于表面的“喊口号”。政府应与科技型中小企业进行多方面调研，将获得的众多大型企业的文化案例去粗取精、汇总让科技型中小企业进行借鉴，引导科技型中小企业构造真正适合自身企业规模的企业文化，最终达到帮助企业留住人才的目的（王萍和郑笑笑，2018）。

（4）为了进一步促进“资金总额 L3(t) $\xrightarrow{+}$ 高层次人才待遇水平 A212(t) $\xrightarrow{+}$ 人才吸引量 A21(t) $\xrightarrow{+}$ 人才数量变化量 R2(t)”这一条关键因果链，提出以下策略：

科技型中小企业在引进高层次领军人才、青年拔尖人才的同时，政府应当鼓励与支持企业引进的各层次人才享受与国有企事业单位同等的政策待遇和津贴。对科技型中小企业全职引进的各类急需人才，所需租房补贴、安家费以及科研启动经费等人才开发费用可按规定在税前列支。针对重点行业、紧缺人才，政府也要分类制定引进政策，应当给予不同的政策倾斜。

科技型中小企业核心员工即高层次人才对企业的发展至关重要，由于企业自身的规模欠缺，难以拥有吸引高层次人才的能力，结合采取上述薪酬福利措施，建议政府将发展重点放在提升人才发展空间上，针对科技型中小企业着力打造一批产业创新研发平台，如院士工作站、重点实验室等一系列具有高层次发展空间的媒介平台，从而吸引更多的高层次人才到科技型中小企业层面从事工作。为更好地引进人才，优化整体的人才环境，以环境聚集人才，政府应加强人才生态环境建设，对社会经济环境、文化环境、自然环境等进行改善，有重点地优化人才生态环境，精心培育优良的人才发展环境。

（5）为了进一步促进“市场份额 L4(t)$\xrightarrow{+}$企业实力 A211(t)$\xrightarrow{+}$人才吸引量 A21(t)$\xrightarrow{+}$人才数量变化量 R2(t)”这一条关键因果链，提出以下策略：

没有实力的企业，即便引进了人才，也有流失的可能性，所以要用企业实力来吸引人才，可以利用产业聚集促进人才聚集，减少人才流失。政府应帮助科技型中小企业加快产业项目集群建设，形成产业聚集，尤其发展具有资源优势的产业。重点扶持一批产业特色、主业突出、核心竞争力强的公司和企业集团，创造更多的就业机会，吸引人才并留住人才。重点打造高层次产业集群，吸引高层次人才。以产业聚集带动高层次人才聚集（余杰，

2017）。

这些措施提高了高层次人才待遇水平 A212(t) 与企业实力 A211(t)，提升人才吸引量 A21(t)；提高了企业薪资水平 A222(t) 和福利水平 A223(t)，增强了企业文化 A221(t)，提升了人才留住比率 A22(t)，增加了人才数量变化量 R2(t)，最终达到缓解科技型中小企业协同创新网络的人力稀缺瓶颈问题的目的。

3. 强化企业培训制度

为了进一步促进“资金总额 L3(t) $\xrightarrow{+}$ 企业培训费用 M1(t) $\xrightarrow{+}$ 稀缺专业人才培养数量 A231(t) $\xrightarrow{+}$ 人才培养数量 A23(t)”、“资金总额 L3(t) $\xrightarrow{+}$ 企业培训费用 M1(t) $\xrightarrow{+}$ 普通技工培养数量 A232(t) $\xrightarrow{+}$ 人才培养数量 A23(t)”、“资金总额 L3(t) $\xrightarrow{+}$ 企业培训费用 M1(t) $\xrightarrow{+}$ 实用型人才培养数量 A233(t) $\xrightarrow{+}$ 人才培养数量 A23(t)” 三条关键因果链，提出以下策略：

科技型中小企业一般规模较小，并没有专职的培训岗位甚至未设立专门的人力资源部门，而由行政部门兼管人事工作。因此，政府应适当为科技型中小企业员工提供培训费用，可以探索成立项目组，负责对中小企业职业培训，并在职业培训基金使用等方面进行全面监督，为科技型中小企业在申请服务等方面提供便利；企业可以自行开展或自行委托培训机构实施各类培训，针对企业自身缺乏的人才进行特定培训，对自主开展培训或自主委托社会培训机构开展各类职工培训的区域纳税企业，经审核后符合补贴条件的可调用地方教育附加专项资金提供培训费直补企业。为缺乏培训资源的中小微企业提供公共培训平台服务，对未享受过地方教育附加专项资金直补的本区纳税企业，或已享受但在部分培训项目缺乏培训条件和资源的企业，可向本区域建立的中小微企业公共服务平台提出申请，由平台集中培训需求、提供集中培训，并按补贴标准给予一定比例的培训费补贴（王振红和王黎明，2019）。

这些措施增加了企业培训费用 M1(t)，使企业自身稀缺专业人才培养数量 A231(t)、普通技工培养数量 A232(t)、实用型人才培养数量 A233(t) 提高，增加了企业人才培养数量 A23(t)，最终达到缓解科技型中小企业协同创新网络的人力稀缺瓶颈问题的目的。

（三）融资网络系统关键因果链分析及其策略

为增强融资网络系统，拟引入对策 a3(t) 作用于环境变量 E3(t)，增强企业资金总额变化量 R3(t)，最终达到缓解科技型中小企业协同创新网络中成本负担与融资困境问题的目的。

1. 降低企业税费负担

为了进一步促进"税费 A311(t) $\xrightarrow{-}$ 自有资金 A31(t) $\xrightarrow{+}$ 资金总额变化量 R3(t)"这一条关键抑制因果链，提出以下策略：

首先应全面贯彻落实国务院关于研发费用加计扣除、创业投资企业优惠政策、小型微利企业优惠政策、提高出口退税率、深化增值税改革，降低城镇土地使用税、车船税的适用税额标准，降低符合条件企业购销合同印花税核定征收标准等减税措施。

其次政府应按照企业规模为科技型中小企业制定专门化的行业税率。改革完善增值税，可以按照三档并两档的方向调整税率水平；针对科技型行业制定更加细化和专门化的行业税率，重新制定小规模纳税人的年销售额标准，扩大享受减半征税优惠的科技型中小企业范围。

最后降低企业税费，对高等院校、科研机构、企事业单位的科技人员和留学归国人员投资创办的科技型中小企业，或以其技术成果、专利参与投资入股以及为科技型中小企业提供技术服务的，对其征收的个人所得税地方留成部分，指定年限内由同级财政部门给予全额奖励。对于科技型中小企业新产品开发、新技术研制所产生的费用，以及对科技成果引进、转化、生产过程中所形成的相关技术开发费用，按实计入管理费用，不受比例限制。在科技型中小企业研制过程中，对开发成功的国家级重点新产品和省级高新技术产品，自认定之日一定年限内，由同级财政对增值税地方留成部分给予补助。建议对小微企业、科技型初创企业可以实施普惠性税收免除。要根据实际情况，降低社保缴费名义费率，稳定缴费方式，确保企业社保缴费实际负担有实质性下降。

这些措施降低了企业税费 A311(t)，提升了自有资金 A31(t)，增加了企业人才培养数量 A23(t)，最终达到缓解科技型中小企业协同创新网络中融资困境问题的目的。

2. 降低企业成本

(1) 为了进一步促进“人才数量 L2(t) $\xrightarrow{+}$ 人工成本 A313(t) $\xrightarrow{-}$ 自有资金 A31(t) $\xrightarrow{+}$ 资金总额变化量 R3(t)”这一条关键抑制因果链，提出以下策略：

研发人员的工资成本是高新技术企业、高端服务型企业成本中最大的一部分，政府应出台政策允许将研发人员、技术骨干等人员的所得税进行税前抵扣，减少科技型企业的人工成本；并且出资培训人才的计划指标向科技型中小企业从业人员开放，科技型中小企业用于员工培训的经费可按实际发生列入成本。

(2) 为了进一步促进“研发成本 A312(t) $\xrightarrow{-}$ 自有资金

A31(t)$\xrightarrow{+}$资金总额变化量 R3(t)”这一条关键抑制因果链，提出以下策略：

国家已有科技开发费用加计扣除政策与科技创新点券政策，政府应大力鼓励科技型中小企业购买科技创新服务，并设立科技型中小企业研发投入后补助政策。目前来说，落实研发费用优惠政策力度有待加强，因此政府部门需进一步增加企业研发补助，通过杠杆作用促进企业的研发，降低企业的研发成本。

（3）为了进一步促进“市场份额 L4(t)$\xrightarrow{+}$营销成本 M2(t)$\xrightarrow{+}$其他成本 A314(t)$\xrightarrow{-}$自有资金 A31(t)$\xrightarrow{+}$资金总额变化量 R3(t)”这一条关键抑制因果链，提出以下策略：

为切实降低科技型中小企业营销成本，应清除影响民间资本公平进入和竞争的各种障碍，促进各类市场主体公平竞争，深化“放、管、服”改革，放宽市场准入资格，加强事中和事后监管，保障企业的投资主体地位，降低企业制度性营销成本。

（4）为了进一步促进“管理成本 M3(t)$\xrightarrow{+}$其他成本 A314(t)$\xrightarrow{-}$自有资金 A31(t)$\xrightarrow{+}$资金总额变化量 R3(t)”、“差旅采购成本 M4(t)$\xrightarrow{+}$其他成本 A314(t)$\xrightarrow{-}$自有资金 A31(t)$\xrightarrow{+}$资金总额变化量 R3(t)”这两条关键抑制因果链，提出以下策略：

应科学合理地确定车辆通行收费水平，将选择部分高速公路路段开展分时段差异化收费试点，为企业降低差旅采购成本。并且政府应当协助进一步清理、精简涉及民间投资管理的行政审批事项和涉企收费，规范中间环节、中介组织行为，减轻科技型中小企业负担，并加快推进涉企行政事业性收费零收费，帮助科技型中小企业降低管理成本。

这些措施降低了企业人工成本 A313(t)、营销成本 M2(t)与其他成本 A314(t)，提升了自有资金 A31(t)，增加了企业资金总额变化量 R3(t)，最终达到缓解科技型中小企业协同创新网络中成本负担问题的目的。

3. 政府提供专项基金，解决企业外部融资问题

(1) 为了进一步促进“技术资源拥有量 L1(t)$\xrightarrow{+}$政府专项资金 A33(t)$\xrightarrow{+}$资金总额变化量 R3(t)”这一条关键因果链，提出以下策略：

政府可设立专项基金或投资引导基金扶持科技型中小企业，以缓解企业资金不足的压力。例如，设立科技型中小企业“走出去”发展专项资金、创新发展专项资金等，向通过专家评审后的企业提供资金，并成为股东，若企业发展失败，则与企业共同承担风险；若企业发展良好，则可以退出资金，可由企业用 1∶1 的价格买回股份。对于优质的并已成功“走出去”的科技型中小企业进行重点扶持，形成引导效应。

各级地方政府应对符合经济结构优化升级方向、有前景的科技型中小企业进行必要的财务救助。各级地方政府可以自筹资金组建政策性救助基金，综合运用多种手段，在严格防止违规举债、严格防范国有资产流失的前提下，帮助区域内战略性新兴行业等关键重点行业的科技型中小企业纾困。

(2) 为了进一步促进“市场份额 L4(t)$\xrightarrow{+}$企业实力 A211(t)$\xrightarrow{+}$企业信用度 B9(t)$\xrightarrow{+}$金融机构与民间资本融资量 A321(t)$\xrightarrow{+}$外部融资 A32(t)$\xrightarrow{+}$资金总额变化量 R3(t)”这

一条关键抑制因果链，提出以下策略：

从外部环境协助科技型中小企业信用度问题，政府应督促银行对各种规模科技型企业尤其是科技型中小企业一视同仁，同时采取包括优化信贷业务流程、下放信贷审批权限、推广线上贷款产品，完善融资增信平台、一站式金融综合服务平台、应收账款质押融资平台和开发区金融创新平台，持续深入开展产业与金融对接、银行挂点开发区、金融专家服务团入企帮扶等金融定向帮扶活动，增加企业在金融机构与民间资本的融资量，提高企业外部融资效率。

（3）为了进一步促进“企业实物担保 B91(t) $\xrightarrow{+}$ 企业信用度 B9(t) $\xrightarrow{+}$ 金融机构与民间资本融资量 A321(t) $\xrightarrow{+}$ 外部融资 A32(t) $\xrightarrow{+}$ 资金总额变化量 R3(t)”这一条关键抑制因果链，提出以下策略：

积极运用人民银行定向降准、再贷款、再贴现等货币政策支持银行投放科技型中小企业贷款，拓展抵（质）押物范围，逐步提升民营企业贷款比重，加强对科技型中小企业贷款投放的考核评价。大力支持科技型中小企业上市挂牌直接融资，健全保险产品体系，帮助科技型中小企业分担经营风险，拓宽融资渠道，增加企业在金融机构与民间资本的融资量。

鼓励金融机构在自创区设立科技金融专营机构，支持发展科技信贷、知识产权和股权质押贷款、应收账款质押和仓单质押贷款等创新产品，对人才密集型科技企业实行递延缴纳增值税政策，缓解企业的资金压力。

这些措施，增加了政府专项资金 A33(t)，提高了企业实物担保水平 B91(t) 与企业实力 A211(t)，增加了企业外部融资

A32(t)，提高了企业资金总额变化量 R3(t)，最终达到缓解科技型中小企业协同创新网络中融资困境问题的目的。

（四）市场开拓网络系统关键因果链分析及其策略

为增强科技支撑网络系统，拟引入对策 a4(t) 作用于环境变量 E4(t)，增强市场份额变化量 R4(t)，最终达到增强科技型中小企业协同创新网络的市场开拓的目的。

1. 改善外部环境，增加市场信息，获得市场机会

（1）为了促进“科技服务中介机构 B4(t) $\xrightarrow{+}$ 市场信息 A421(t) $\xrightarrow{+}$ 辅助开拓市场份额 A42(t) $\xrightarrow{+}$ 市场份额变化量 R4(t)”这一条关键因果链，提出以下策略：

政府应引导科技服务中介机构的体系建设，发挥中介平台作用，让中介平台以信息发布、技术中介服务、技术推广服务为重点。同时强化科技服务中介机构在市场信息的平台功能，让市场信息发布得更加精品化、信息服务更加智能化、用户有一站式的体验。要让科技服务中介机构的服务性落实到位，以用户为核心，围绕用户完善市场数据资源、数据访问服务、业务服务等，并敲定落实工作，使科技型中小企业能够在科技服务中介机构获取更多更完善的市场信息，改善提高自身的市场份额（陆琳等，2019）。

（2）为了进一步促进“行业协会市场开拓辅助程度 B10(t) $\xrightarrow{+}$ 辅助开拓市场份额 A42(t) $\xrightarrow{+}$ 市场份额变化量 R4(t)”这一条关键抑制因果链，提出以下策略：

我国境内的中小企业行业协会的主要功能是实施各种管理咨询服务，组织有关专家、学者、企业高级管理人员、离退休专业

人员组成专家顾问团，为中小企业进行组织设计、财务分析、制度建设等服务。随着公共服务平台建设的深入，行业协会的功能需要逐步扩大（陆琳等，2019）。因此各地政府应协助完善科技型中小企业行业协会服务，根据科技型中小企业的调研需求，更新服务技术，尤其是行业协会的市场开发服务体系，更需要优化与完善，不断地与时俱进，行业协会需调动科技型中小企业的区域优势和行业特色，帮助科技型中小企业获得更加开阔的市场，提升科技型中小企业的市场份额。政府还应帮助行业协会提高品牌意识，随着科技型中小企业面临的市场竞争的加剧，行业协会也需要增强市场品牌的意识，为科技型中小企业未来的品牌规划与战略发展进行深入的规划，为科技型中小企业树立良好的社会信用，如此才能为科技型中小企业的市场份额开拓助力。

（3）为了进一步促进“龙头企业创造市场机会数B11(t) $\xrightarrow{+}$ 辅助开拓市场份额 A42(t) $\xrightarrow{+}$ 市场份额变化量R4(t)”这一条关键因果链，提出以下策略：

政府调动科技型龙头企业给予“一企一策”的扶持措施。各地在各自的范围内梳理、遴选一批创新能力强、具有自主知识产权、发展前景好、能参与全球合作与竞争的上市公司或龙头骨干企业，集中省、市、区有限资金，采取“一企一策”给予重点支持，培育扶持企业快速发展壮大，让龙头企业创造更多市场机会，而科技型中小企业围绕龙头企业形成网络，从而辅助它们开拓更多的市场份额。同时做强、做大产业链配套区。以移动通信智能终端制造厂商为例，由于移动通信智能终端上下游产业链比较齐全，可以形成具有特色的电子信息产业竞争优势。对于类似的产业链，政府应出面组织、引导产业链上下游的产业配套，加大产业链配套的奖励力度，鼓励产业链的形成，进而扩大企业的市场份额。

（4）为了促进“政府提供市场机会数 B12(t) $\xrightarrow{+}$ 辅助开拓市场份额 A42(t) $\xrightarrow{+}$ 市场份额变化量 R4(t)”这一条关键因果链，提出以下策略：

各地政府应支持科技型中小企业到境外特别是“一带一路”沿线国家和地区开展投资经贸活动，并为其人员及货物出入境和通关提供便利化服务，以及完善风险保障平台和信息服务平台，支持科技型中小企业“走出去”。例如，各地政府可以推进跨境电子商务综合试验区建设，鼓励科技型中小企业开拓境外市场，扩大自主知识产权和高附加值产品出口，加快发展外贸综合服务平台。拓展与“一带一路”沿线国家和地区经贸合作，完善企业“走出去”服务体系，大力发展“走出去”公共服务平台，加快构建“一带一路”城市合作伙伴网络，为科技型中小企业开拓“一带一路”市场，提供更多的市场机会。

这些措施增加了市场信息 A421(t)，提升辅助开拓市场份额 A42(t)，增强市场份额变化量 R4(t)，最终达到增强科技型中小企业协同创新网络的市场开拓的目的。

2. 提升企业自身竞争力，自主开拓市场

（1）为了促进“营销人员数量 A412(t) $\xrightarrow{+}$ 自主开拓市场份额 A41(t) $\xrightarrow{+}$ 市场份额变化量 R4(t)”这一条关键因果链，提出以下策略：

科技型中小企业的竞争早已从产品的竞争转化为人才的竞争，而为了更好地扩大自主开拓市场份额的能力，科技型中小企业应当不断地引进营销人才，扩大营销人才招聘的渠道，政府应鼓励科技型中小企业提升薪资和福利水平，增加营销人员的数量，同时企业应提升现有营销团队的实力，进行科学的营销知识与专业的深度培训，在提高整体实力打下基础的过程中吸引更多的营销人员，从而更好地开拓企业的自身市场份额（易善宇，2019）。

（2）为了促进“技术资源拥有量 L1(t) $\xrightarrow{+}$ 产品竞争力 A411(t) $\xrightarrow{+}$ 自主开拓市场份额 A41(t)”这一条关键因果链，提出以下策略：

科技型中小企业无论是规模、资金还是研发实力都远远小于龙头企业与大型企业，急需形成自己的核心竞争力，因此科技型中小企业在产品的材料、工艺和流程方面应进行深度改造，承接大型企业的技术转移；政府应帮助科技型中小企业加强产权的维权意识，规范知识产权的交易，遏制科技型中小企业市场方面的恶性竞争，由此提升科技型中小企业的产品竞争力（胡茜，2010）。

（3）为了促进“资金总额 L3(t) $\xrightarrow{+}$ 市场开拓费用 A413(t) $\xrightarrow{+}$ 自主开拓市场份额 A41(t) $\xrightarrow{+}$ 市场份额变化量 R4(t)”这一条关键因果链，提出以下策略：

积极探索政府产业基金与优质基金机构合作设立创业投资基金、私募股权基金的做法，鼓励国内外各市场主体探索设立风险投资、创业（天使）投资基金及管理机构，增加科技型中小企业从外部获取、增加市场开拓费用的机会。

这些措施增加了营销人员数量 A412(t)、技术资源拥有量 L1(t) 和市场开拓费用 A413(t)，提升自主开拓市场份额 A41(t)，增强市场份额变化量 R4(t)，最终达到增强科技型中小企业协同创新网络的市场开拓的目的。

第七章

科技型中小企业协同创新网络协作模式

如前所述，科技型中小企业协同创新网络包括科技型中小企业、政府、高校与科研院所、金融机构、科技中介平台五个主体，构成科技型中小企业网络发展系统，该系统包括科技支撑网络系统、人力资源网络系统、融资网络系统、市场开拓网络系统四个子系统，根据这四个子系统中的关键因果链，本书提出管理策略，形成管理路径，最终形成科技型中小企业协同创新协作模式（见图7-1）。

在科技支撑网络系统中，政府通过出台一系列政策措施，增加科技型中小企业设备资金预算，改善科技型中小企业外部设备可用数量，完善科技型中小企业的自我技术创新基础，此为路径一。政府通过促进校企实质性合作，提升产学研水平，促进科研成果的转化，鼓励高校科研机构与科技型中小企业设备共享，直接对科技型中小企业协同创新起到推进作用，此为路径二。政府通过加强科技型中小企业之间的合作，以科技龙头企业为带领，让科技型中小企业形成产业聚集，提高科技型中小企业的技术资源，此为路径三。政府提高科技型中小企业技术引入资金支持，扩大其对外技术合作与技术引入渠道，引导高校科研人员入驻科技型中小企业，优化技术资源配置的规模质量与科技中介服务平台管理，提升企业协同创新能力，此为路径四。

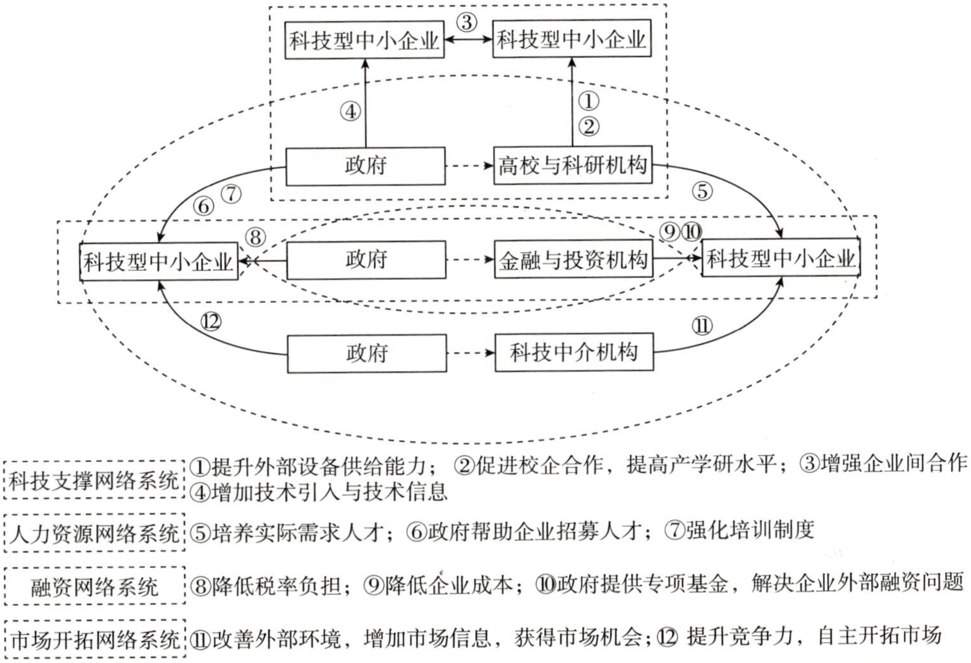

图 7－1　科技型中小企业协同创新路径

在人力资源网络系统中，政府通过帮助高校形成联合体，企业与高校深入共建职业课程体系，引导人才实用技能培养方阵的转变，增加科技型中小企业需求人才数量，此为路径五。政府出台政策增加科技型中小企业薪资水平，提高福利水平、促进企业文化水平的提升，并进一步为高层次人才创造高水平待遇环境，引导科技型中小企业产业聚集提高自身企业实力，缓解科技型中小企业人才流失的困境，此为路径六。为完善企业培训制度，政府提供企业培训费用专项资金，降低科技型中小企业的申报门栏，最终达到缓解科技型中小企业人才稀缺的问题，此为路径七。

在融资网络系统中，政府落实税率优惠政策，制定科技型中小企业专门化的行业税率，同时降低企业税费，确保企业税有实质性的下降，此为路径八。政府出台一系列政策允许研发人员的所得税在税前抵扣，减少企业人工成本；鼓励科技型中小企业购买科技创新服务，缓解企业研发成本；深化“放、管、服”改革，降低企业营销成本；简化投资管理行政审批，制定其他费用收费水平，减少企业其他成本，此为路径九。政府提供专项资金扶持科技型中小企业，缓解科技型中小企业资金压力；优化信贷流程，建立民间科技银行对口科技型中小企业，加强企业指导，扩展企业市场，增加企业实力，提高企业信用度缓解科技型中小企业融资难问题，此为路径十。

在市场开拓网络系统中，政府帮助科技型中小企业改善外部环境，督促科技中介机构强化市场信息开放服务落实到位；引导行业协会优化与完善市场开发服务体系，增强为科技型中小企业品牌与战略发展的规划能力；政府调动龙头企业带动科技型中小企业快速发展，形成网络系统，获取更多的市场份额；支持科技型中小企业的投资经贸活动，提供各色便利化服务，最终达到增强协同创新网络中科技型中小企业市场开拓的目的，此为路径十一。政府帮助科技型中小企业提升企业自身与产品竞争力，让其有能力自主开拓市场，并积极尝试与基金机构合作，为增强科技型中小企业协同创新网络开拓市场助力，此为路径十二。

科技型中小企业协同创新网络中的各条路径相互交融与促进，起到提升协同创新能力 $1+1>2$ 的效果。

参考文献

［1］王峥，龚轶．创新共同体：概念、框架与模式［J］．科学学研究，2018，36（1）：140－148.

［2］唐丽艳，王国红，张秋艳．科技型中小企业与科技中介协同创新网络的构建［J］．科技进步与对策，2009（20）：79－82.

［3］顾天佑．科技金融支持中小企业面对的困境及其应对［J］．中国经贸导刊（中），2019（3）：70－72.

［4］曾小春．基于区域创新网络的科技型中小企业协同创新演化研究［D］．哈尔滨工程大学，2016.

［5］杨静，孙玉娟．构建中小企业协同创新体系［J］．中小企业管理与科技（下旬刊），2008（6）：42－43.

［6］吴玉厚．高校与行业企业、科研院所联合培养人才的基础和模式［J］．现代教育管理，2013（12）：21－23.

［7］解维敏，方红星．金融发展、融资约束与企业研发投入［J］．金融研究，2011（5）：171－183.

［8］陈燕，王静坤．秦皇岛市中小企业协同创新现状分析［J］．纳税，2018（3）：242.

［9］郝可．新形势下中小企业协同创新存在问题分析与对策

研究［J］. 中小企业管理与科技（中旬刊），2018（6）：13－14.

［10］唐红军. 新形势下中小企业协同创新的问题与对策探究［J］. 齐齐哈尔大学学报（哲学社会科学版），2018（1）：54－57.

［11］李莉芳. 新常态下应用型高校与中小企业协同人才培养模式探究［J］. 教学研究，2018，41（4）：99－102.

［12］奥路德维希·冯·贝塔朗菲. 生命问题［M］. 北京：商务印书馆，1999.

［13］王其藩. 系统动力学［M］. 上海：上海财经大学出版社，2009.

［14］贾仁安. 系统组织管理反馈分析与仿真技术——理论与实践［M］. 北京：科学出版社，2014.

［15］贾仁安，伍福明，徐南孙. SD流率基本入树建模法［J］. 系统工程理论与实践，1998，18（6）：18－23.

［16］陈海鹏，刘红斌，张顺. 产学研深度融合 促进高校科技成果转移转化——基于51所高校及88家企事业单位的调查分析［J］. 中国高校科技，2019（3）：4－8.

［17］孙卫东. 产业集群内中小企业商业模式创新与转型升级路径研究——基于协同创新的视角［J］. 当代经济管理，2019，41（6）：24－29.

［18］夏宁，董艳. 高管薪酬、员工薪酬与公司的成长性——基于中国中小上市公司的经验数据［J］. 会计研究，2014（9）：89－95.

［19］杨金栓. 论职业教育人才培养模式的重构——以科技型中小企业的人才需求为视角［J］. 天中学刊，2019，34（3）：144－148.

［20］张新宇．科技型中小企业人才困境与政府应对路径研究［J］．中国商论，2018（35）：181－182.

［21］金明．新时期中小企业留住人才的策略思考［J］．现代经济信息，2018（6）：82.

［22］温雪．中小企业员工流失问题探究［J］．中外企业家，2019（36）：81－82.

［23］王萍，郑笑笑．人才聚集视域下构筑河南省人才高地的策略研究［J］．河南教育（高教），2018，159（7）：12－16.

［24］余杰．上海市政府推进中小微企业员工职业技能培训政策实施研究［D］．上海师范大学，2017.

［25］王振红，王黎明．中小企业融资困境成因及对策研究［J］．山东理工大学学报（社会科学版），2019，35（2）：16－20.

［26］陆琳，张天龙，徐红梅，刘涛．我国中小企业公共服务平台建设策略探索［J］．产业与科技论坛，2019，18（10）：201－202.

［27］易善宇．“一带一路”背景下我国中小企业市场营销创新战略研究［J］．现代营销（下旬刊），2019（9）：41－42.

［28］胡茜．西部地区科技型中小企业发展路径研究［J］．贵州社会科学，2010（7）：88－90.